다시 **복음** 앞에

전도자세우기 워크북시리즈 ❷

다시 복음 앞에

| 하 도 균 지음 |

소망

| 글을 시작하며 |

　복음 때문에 울고 감격하고, 그래서 그 복음에 헌신하여 평생을 전도자로 살겠다고 다짐했던 시간이 벌써 13년이 되어가고 있습니다. 신학대학원 5차 학기 때, 머릿속으로만 알고 있었던 복음에 관한 지식이 가슴으로 내려와 경험되어지면서 한 학기를 울면서 학교를 다녔습니다. 예수님 때문에 울고, 십자가 때문에 울고 나를 위해서 다시 부활하신 사건 때문에 울고… 그리고 밤거리에 붉게 빛나는 십자가 네온사인을 보면서도 울고, 전철 안에서 복음성가를 틀어놓고 구걸을 하러 다니는 사람들의 찬양소리 때문에 울었습니다. 주변의 사람들과 이야기를 하다가도 예수님 이야기만 나오면 울고, 십자가 이야기만 나오면 울었습니다. 왜 그렇게 눈물이 많이 나왔는지 모릅니다. 완전히 울보가 되었습니다. 그러나 감사했던 것은, 눈물은 나오지만 마음은 평안했다는 것입니다. 마음이 마구 요동쳐서 울었던 것이 아닙니다. 그래서 평소에 울었던 눈물과는 다른 것임을 알 수 있었습니다. 그리고 이 시간들이 복음을 경험하는 시간이라는 것을 어렴풋이 알게 되었습니다.
　세상에서 가장 귀한 것을 얻기 위해서는 밭을 팔고 논을 팔아서라도 그것을 취해야 하는데, 하나님께서는 가장 귀한 시간에 조건 없이 그 복음을 경험하게 해주셨습니다. 그래서 저 역시 그 복음을 위해서 내 것을 포기했습니다. 가진 것이 없었기에 저의 미래라고 할 수 있었던 계획을 포기했습니다. 아니, 주님께 내맡겨 드렸습니다. 그때까지만 해도 저는 졸업을 하고서 미국으로 유학을 떠날 준비를 하고 있었습니다. 학점관리에 신경도 많이 썼습니다. 그런데 가장 귀한 것을 얻고 경험하였으니, 그것을 위해서 조금이라도 보탬이 되고자 제 삶을 헌신한 것이지요. 결단은 하였지만, 하나의 목표를 보고 달려온 내 자신이 완전히 포기하지 못해 흘렸던 눈물도 많았습니다. 하지만 하나님께서는 가장 선하시고 인자하신 길로 저를 인도해 주셨습니다. 그리고 복음 안에 있는 능력들을 더 깊게 경험케 하셨고, 그것을 전할 수 있는 많은 기회들을 허락하셨습니다.

그렇게 복음과 씨름하며 달려오다가, 3년 전 하나님의 인도하심 가운데 교회를 개척하게 되었습니다. 복음의 영향력이 흘러가는 교회를 만들어보고자 당찬 포부를 가지고 복음을 전하며 한 영혼 한 영혼을 세워가기 시작하였습니다. 교회도 부흥되어 3년이 안 되어 150여 명이 출석하는 교회가 되었습니다. 그런데 목회는 복음만을 전하는 것이 아니라, 영혼을 돌보고 보살피는 것이 중요했습니다. 물론 제 나름대로 최선을 다해 노력은 했지만, 전도자로서 목회자로서 어느 하나도 잘한 진전이 있었다고 평가할 수 없습니다. 그러나 이 시간들이 결코 헛된 시간들은 아니었습니다. 하나님께서 배워가게 한 것이 많았거든요. 그러던 중, 올해 8월부터 하나님께서는 강력하게 저를 다시 복음 앞에 세우시기 시작하셨습니다. 물론 목회를 하면서도 복음을 전하지 않거나, 전도자로서의 사명을 게을리 한 것은 아니었습니다. 하지만 전도자로서의 무뎌진 칼날을 바라보게 되었습니다. 이것이 제가 가지고 있던 딜레마였습니다. 목회를 하면서 전도자로서의 삶만을 고수할 수 없고, 그렇다고 전적으로 목회만을 할 수도 없는 것이 딜레마였습니다. 그런데 하나님은 그러한 저의 모습을 아셨기에, 다시 복음 앞에 저를 세우셔서 무뎌진 복음의 칼날을 세워 가신 것입니다. 처음에 복음을 경험하고 복음의 칼날을 갈 때에는 스승 되신 멘토를 붙여주셔서 가능했습니다. 그런데 스승이 없는 이제는 하나님께서 성경 말씀을 더 깊게 경험케 하심으로써 복음의 칼날을 갈게 하셨습니다. 하나님께서는 그때 집중적으로 다시 복음 앞에 서서 전인적인 회복과 제자가 된 사람들을 보게 하셨고, 다시 복음 앞에 선다는 것이 무엇인지 깨닫게 하셨습니다. 그리고 그렇게 보고 깨달은 만큼 저를 세우기를 원하셨으며, 또 다른 사람들을 세워 가시기를 원하셨습니다. 이 책은 그렇게 성경을 보며 다시 복음 앞에 저를 세워갔던 말씀들입니다.

이 글이 나오기까지 정성스럽게 타이핑하고 교정을 해준 복음의 동역자들 조은민, 심요한, 이경선 전도사 그리고 백민화 자매에게 감사드립니다.

복음을 외치며, 그 복음의 기준대로 살겠다고 뜨겁게 헌신한 때가 있었는데, 지금 다 식어지지는 않았는지요? 요즈음 흘러나오는 CCM가사가 제 마음에 너무 와 닿습니다. 그리고 이 가사가 제 다짐이 되기를 원하며, 독자 여러분의 다짐이 될 수 있기를 원합니다.

많은 이들 말하고 많은 이들 노래는 하지만
정작 가진 않는 길
두려운 생각보다 많이 힘들고 험한 길보단
그저 말로만 가려기에
점점 멀어져만 가네 내게 생명 주었던 그 길
점점 이용하려 하네 내게 사랑 주었던 그 길
다시 복음 앞에 내 영혼 서네
주님 만난 그 때
나 다시 돌아가 주님께 예배드리며
다시 십자가의 길 걸으리

2008년 10월 가을 어느 날,
복사골 부천에서 **하도균**

목 차

CONTENTS

서 문 (글을 시작하며) / 4

Chapter 01. 다시 복음 앞에! – 마리아 이야기 / **11**
　　　　　　(요한복음 20장 11~18절)

Chapter 02. 다시 복음 앞에! – 열 제자 이야기 / **31**
　　　　　　(요한복음 20장 19~23절)

Chapter 03. 다시 복음 앞에! – 엠마오로 가던 두 제자 이야기 / **53**
　　　　　　(누가복음 24장 13~35절)

Chapter 04. 다시 복음 앞에! – 도마 이야기 / **77**
　　　　　　(요한복음 20장 24~29절)

Chapter 05. 다시 복음 앞에! – 바울 이야기 / **101**
　　　　　　(사도행전 9장 1~9절)

Chapter 06. 구원의 통로로서의 십자가 – 십자가 복음의 의미 / **129**
　　　　　　(누가복음 23장 26~31절)

Chapter 07. 회복의 통로로서의 십자가 – 십자가 복음의 목적 / **155**
　　　　　　(출애굽기 17장 17절, 이사야 53장 5절)

Chapter 08. 생명의 통로로서의 십자가 – 십자가 복음의 영향력 / **181**
　　　　　　(사도행전 3장 1~10절)

Chapter 01. 다시 복음 앞에! - 마리아 이야기

주제를 풀어갈 성경본문
요한복음 20장 11~18절

주제를 풀어갈 글의 개요

[들어가면서]
본문의 정황과 배경

[본론]
1. 예수께 대한 열정은 우리로 예수님을 찾게 만듭니다.
   - 마리아의 열정은 그녀를 무덤까지 달려가게 했습니다(11절).

2. 예수께 대한 열정은 우리에게 눈물을 가져다줍니다.
   - 마리아의 열정은 그녀로 예수님 때문에 울게 만들었습니다 (11, 15절).

3. 예수께 대한 열정과 눈물은 우리를 다시 복음 앞에 세워놓습니다.
   - 부활하신 예수님은 가장 먼저 마리아에게 나타나 주셨습니다 (12-15절).

4. 예수께 대한 열정과 눈물은 복음의 은혜를 경험케 합니다.
   - 부활한 주님은 연민을 가지고 마리아를 불러주셨습니다(16절).

5. 예수께 대한 열정과 눈물은 우리를 복음을 전하는 사람으로 바꾸어 줍니다.
   - 비천한 마리아였지만, 주님은 그에게 부활의 소식과 자신에 관한 일을 전하는 사명자로 삼아주셨습니다(17-18절).

[마무리] - 요약과 적용

RETURN TO THE GOSPEL

12 다시 복음 앞에

| 들어가면서 |

예수! 그 복음을 향한 열정과 눈물이 있습니까? 기독교의 가장 중요한 핵심은 복음입니다. 복음 위에 기독교가 세워졌고, 그렇기에 복음이 없는 기독교는 더 이상 기독교가 아닙니다. 예수 그리스도의 십자가와 부활이 복음의 핵심이며, 이것이 우리에게 기쁜 소식이 됩니다. 복음이 기쁜 소식이라고 했을 때, 그것은 예수 그리스도의 십자가와 부활 사건이 우리에게 궁극적인 기쁨을 가져다준다는 이야기가 됩니다. 때로 우리는 신앙생활을 하면서 이 본질을 잊어버릴 때가 있고, 잠시 본질을 떠나서 형식에 매여 신앙생활을 할 때가 많이 있습니다. 요즈음 저는 하나님께서 복음 앞에 더 깊게 세워 놓으시는 것을 경험합니다.

한번은 성경을 읽고 묵상하다가 요한복음 20장에서 눈이 멈추게 되었습니다. 한 여인이 울고 있는 장면이 마음속에 깊게 와 닿았기 때문입니다. 11~18절을 살펴보면, 눈물로 이루어진 대화라는 것을 알 수 있습니다. 11절에 "마리아는 무덤 밖에 서서 울고 있더니"라고 기록되어 있습니다. 13절에는 천사가 마리아에게 "어찌하여 우느냐"라고 말하면서 마리아가 울고 있는 것을 화두로 삼고 있습니다. 또 15절에는 예수님께서도 마리아에게 "어찌하여 울며 누구를 찾느냐"고 말씀하고 계십니다. 여러분! 왜 마리아는 그렇게 울 수밖에 없었을까요? 말씀을 묵상하면서 유독히 마리아의 눈물이 구구 절절히 와 닿았습니다. 예전에는 본문을 통하여 예수님의 말씀과 부활의 사건에 초점이 맞추어진 것이 사실이지만, 이번에는 마리아라는 인물과 눈물이 마음에 와 닿은 것입니다.

많은 사람들이 복음을 깊게 경험하기를 원하지만 십자가 앞에서 한 번쯤은 주춤거리게 되고, 때로는 십자가를 잠시 떠나고 싶은 것이 우리들의 솔직한 마음입니다. 사실 제자들도 예수님과 3년간을 함께 했지만 십자가 앞에서 뿔뿔이 흩어졌습니다. 그런데 마리아는 예수님의 십자가의 죽음을 직접 목도하기도 하였고 그 무덤까지 찾아와 끝까지 울고 있는 것입니다. 도대체 마리아는 어떤 사람이기에 예수님이 죽고 장사된 무덤 앞에서도 이렇게 지속적으로 울 수밖에 없었을까요?

1. 예수께 대한 열정은 우리로 예수님을 찾게 만듭니다
– 마리아의 열정은 그녀를 무덤까지 달려가게 했습니다(11절)

여러분! 이 마리아는 막달라 마리아입니다. 막달라 마리아는 일곱 귀신이 들렸던 여자였습니다. 예수님이 활동하시던 시대는 가부장적인 시대였습니다. 오병이어의 사건을 기록한 기사를 보더라도 "여자와 어린이 외에 오천 명"이 먹었다(마 14:21) 고 나옵니다. 성경의 이러한 기록들은 그 당시 이스라엘이 가부장적인 남성위주의 시대였다는 사실을 보여줍니다. 그래서 여인들은 천시 받았는지 모릅니다. 그런데 이 마리아는 천시 받는 여인일 뿐 아니라 귀신까지 들렸던 여인이었습니다. 그것도 하나의 귀신이 아니라 일곱 귀신이 들렸던 여인이었습니다.

사실 마리아의 삶을 돌이켜 본다면 정말 쓰레기처럼 살았던 여인이었습니다. 창녀로 이리저리 귀신에게 끌려서 살아갔던 사람이었습니다.

그렇게 비참하게 살다가 인생을 끝낼 수밖에 없었던 여인이었는데 예수님이 그녀에게 찾아오셨습니다. 그리고 그 여인을 만나 주셨습니다. 그 여인을 불쌍히 여기셔서 그 여인을 지배하고 있었던 일곱 귀신을 다 쫓아 주셨습니다. 그리고 그가 지금까지 지었던 모든 죄를 다 깨끗하게 용서해 주셨습니다. 마리아는 예수님을 만남으로 말미암아 새로운 삶을 시작할 수 있었습니다.

세상의 어느 누구도 인격적으로 자신을 대우해 준 사람이 없었습니다. 세상의 어느 누구도 마리아를 존귀하게 여겨준 사람이 없었습니다. 그런데 하나님의 아들이신 예수 그리스도가 이 땅에 오셔서 마리아를 만나 주셨습니다. 그리고 마리아의 아픔을 치료해 주셨으며, 일곱 귀신을 다 내쫓아 주셨고, 자신이 어떤 존재인지 정체성을 온전하게 심어 주셨습니다. 또한 살아갈 용기와 소망을 불러 일으켜 주셨습니다.

마리아는 예수님에 대한 너무나 큰 경험이 있었습니다. 그렇기에 예수님이 십자가에 못 박혀 죽으실 때에도, 그리고 죽고 나서도 예수님을 향한 열정과 사랑은 식을 줄 몰랐습니다. 예수님을 만나지 못했다면 한평생 쓰레기처럼 많은 사람들에게 무시 받으며 살다가 그렇게 죽어갈 수밖에 없었는데, 예수님이 만나 주셨기 때문에 밑바닥에서부터 다시 올라와 살아날 수가 있었고 새로운 삶을 시작할 수 있었던 것입니다. 여러분! 마리아는 예수님에 대한 열정이 있었습니다. 순수한 사랑이 있었습니다. 그렇기 때문에 예수님께서 십자가에서 죽으실 때에도 끝까지 그 십자가를 지키며 울었던 무리 가운데 마리아가 있었습니다. 또한 마리아는 예수님이 힘없이 십자가에서 죽으셨는데도 실망하거나 낙담하지 않고 오히려 무덤까지 쫓아갔습니다. 그리고 그 무덤 앞에서 예수를 향해서 울기 시작했습니다.

제가 예전에 이 성경구절을 읽을 때에는 마리아의 눈물이 별로 깊게 와 닿지 않았습니다. 그냥 슬펐기 때문에 울었나보다 생각했습니다. 그런데 하나님께서 영적인 깨달음을 주셔서 성경을 보기 시작하니까 11~18절 전부가 눈물로 점철되어 있고, 그 눈물의 의미가 무엇인지 알게 되었습니다. 11절의 '울고 있더니'라는 단어는 헬라어로 '클라이오'입니다. 이 말은 조용히 감정을 억누르면서 흐르는 눈물이 아니라 대성통곡을 의미합니다. 예수님이 너무 보고 싶어서, 예수님이 너무 그리워서, 예수님을 만나고 싶은데 만날 수 없으니 무덤 앞에까지 쫓아와서 마리아가 엉엉 울고 있는 것입니다.

본문을 통해 첫 번째로 여러분과 나누고 싶은 주제가 있습니다. 예수님께 대한 열정과 순수한 사랑은 우리로 예수님을 찾게 만든다는 것입니다. 여러분! 우리는 늘 예수님과 동행하기를 원합니다. 예수님과 같이 지내기를 원하고 같이 있기를 원합니다. 그러나 우리의 삶을 돌이켜 본다면 우리가 늘 예수님과 동행한다고 자신 있게 말하기는 힘들지 모릅니다. 만일 내 삶이 예수님과 같이 동행하는 삶이 아니라고 한다면, 나는 그분과 동행하고 싶은데 그분이 날마다 내 삶에 임재하지 못하신다고 한다면, 여러 가지 많은 문제가 있을 수 있지만 가장 중요한 것 중에 하나가 그분에 대한 열정이 사라졌기 때문입니다. 순수한 사랑이 사라졌기 때문입니다.

예수님의 열두 제자도 배와 그물을 버려두고 따랐던 사람들이었지만 예수님의 십자가 사건 앞에는 다 뿔뿔이 흩어지고 말았습니다. 그러나 마리아에게는 예수님을 만난 사건이 너무나 컸기에 급기야는 무덤 앞까지 찾아갔던 것입니다. 그분에 대한 열정이 여전히 내 안에 있다고 한다면, 그분에 대한 순수한 사랑이 여전히 내 안에 있기만 한다면, 우리는 그분의 십자가까지 따라갈 수 있고 그분의 무덤까지도 따라 갈 수 있는 것입니다. 그래서 본문을 통해서 첫 번째로 우리에게 주는 교훈적인 메시지는 그분을 향한 우리의 열정과 사랑이 우리를 예수님 곁에 두게 한다는 것입니다.

물론 예수님은 지속적으로 우리를 찾아오십니다. 그리고 지속적으로 우리의 마음을 노크하십니다. 그러나 우리가 그분을 만나지 못하는 이유는 그만큼 낮아지지 못했기 때문이고, 그분을 향한 순수한 사랑과 열정이 식어지고 갈망하는 마음이 사라졌기 때문이라고 얘기할 수 있습니다. 따라서 예수를 향한 열정이, 예수를 향한 순수한 사랑이 항상 우리 안에 있다면 우리는 그분과 늘 동행하는 삶을 살아갈 수 있을 것입니다.

2. 예수께 대한 열정은 우리에게 눈물을 가져다줍니다
 - 마리아의 열정은 그녀로 예수님 때문에 울게 만들었습니다(11, 15절)

두 번째로 예수님에 대한 열정과 순수한 사랑은 우리로 하여금 예수님을 향한 눈물이 있게 만듭니다. 여러분! 예수님을 부르면서 울어본 지가 얼마나 오래되셨습니까? 예수님을 첫 번째 만났을 때, 찬양과 기도를 통해 그분의 임재를 경험했을 때, 한없이 울어보지 않았습니까? 그때, 울며 눈물은 흘리기는 했지만, 마음에 기쁨이 있었고 소망이 있었고 평안이 있지 않았습니까?

그러나 요즈음 때로는 울고 싶어도 눈물이 메마른 우리를 보며 안타까워하지는 않습니까? 오늘 성경을 보니까 이 마리아는 예수님에 대한 열정과 사랑이 있었기에 눈물을 흘릴 수 있었습니다. 만일 우리 눈에서 예수님을 향한 눈물이 메말라졌다고 한다면 기억해야 할 것이 있습니다. 그것은 예수님을 향한 우리의 열정이 사라졌다는 표시일 수 있습니다. 그것은 예수님을 향한 우리의 순수한 사랑이 사라졌다는 표시일 수 있습니다. 눈물은 진실입니다. 눈물은 우리의 마음의 표시입니다. 예수를 향한 열정과 순수한 사랑이 있다고 한다면 우리는 예수님을 향해서 진실한 눈물을 지속적으로 흘릴 수 있는 것입니다.

제가 11-18절을 깊게 보면서 이 구절이 눈물로 얼룩져 있다는 사실을 깊이 깨달은 이유도 하나님 앞에서 많이 울고 싶었던 제 마음을 대변했다고 볼 수 있습니다. 제가 하나님을 향해서 울고 싶은 마음이 굴뚝같은데, 성경을 보니 예수님 앞에서 엉엉 울었던 한 여인이 보이는 것입니다. 이 여인은 어떻게 그처럼 마음 놓고 예수님 앞에서 울 수 있었을까요? 그래서 성경을 깊게 보기 시작했습니다. 그러자 막달라 마리아가 예수님과 어떤 관계에 있었으며, 예수님을 향한 어떤 열정과 사랑이 있었기에 무덤까지 와서 예수님을 향해 울 수 있었는지를 알 수 있었던 거지요.

그러면서 저를 돌아보았습니다. "하나님! 제가 많은 사람을 가르치고, 방학 때마다 단기 선교팀을 이끌며 선교에 대한 마인드를 심어주고, 전도를 하며 말씀을 전하는 목사이지만 제 안에서 예수 그리스도를 향한 그 열정이 식어져 있지는 않습니까? 제 안에 예수 그리스도를 향한 순수한 사랑이 식어져 있지는 않습니까? 만약 제 마음속에 예수 그리스도를 향한 그 사랑이 불타오르고 있다면 어떠한 환경과 여건 속에서도 당신을 향한 뜨거운 눈물이 제 마음에 있었을 텐데요."라고 하나님 앞에 기도했습니다. 그리고 "마음껏 울고 싶습니다. 그런데 왜 이렇게 마음이 메말라 가는 것입니까?"라고 물었을 때 하나님께서 이 구절을 더 깊게 보게 하셨고, 무덤 앞에서 마음껏 울고 예수를 향해서 계속 울고 있는 한 여인을 지속적으로 주목하게 하셨던 것입니다.

3. 예수께 대한 열정과 눈물은 우리를 다시 복음 앞에 세워놓습니다
  − 부활하신 예수님은 가장 먼저 마리아에게 나타나 주셨습니다(12-15절)

오늘 본문을 통해 세 번째 얻을 수 있는 교훈이 있습니다. 그것은 예수에 대한 열정과 눈물은 예수님을 움직여 우리를 만나게 해 주신다는 것입니다. 11절에 보면 마리아는 무덤 밖에서 엉엉 소리 내어 예수를 향해서 울었습니다. 예수께서는 이미 삼일 전에 죽으셨고 마리아에게 예수가 부활하실 것이라는 믿음이 있었는지는 알 수 없지만, 그녀는 계속 울었습니다. 왜 울었습니까? 예수에 대한 사랑과 열정이 있었기 때문이었습니다. 그런데 울다보니 무덤 문이 열려있는 것을 보게 되었습니다. 그래서 조용히 무덤 안으로 들어가 보았습니다. 들어가서도 계속 울었을 것입니다. 그렇게 흐느껴 울면서 보니까 예수님의 시신이 없는 것입니다. 예수님의 시신이라도 만져보고 싶었는데, 시신이 없어진 그 자리를 보고 또 계속 웁니다. 그때 그 안에 있었던 천사들이 막달라 마리아를 보고 묻습니다. "여자여 어찌하여 우느냐"

아마도 천사들이 마리아에게 얘기해주고 싶었던 것들은 더 많았을지 모릅니다. 예수님이 부활하셨다고, 예수님은 여기 계시지 않고 말씀하셨던 대로 다시 살아나셨다고, 이제 빨리 갈릴리로 가 보라고 말하고 싶었을 것입니다. 그러나 너무나 감정에 복받쳐서, 예수의 시신이 없어진 것을 보고는 더욱 흐느껴 우는 이 여인을 진정시켜야 했기에 천사의 입에서 가장 먼저 나온 이야기가 "여자여 어찌하여 우느냐"라는 메시지였습니다. 이 여인은 그래도 눈물을 그치지 못했습니다. 계속 울면서 "사람들이 내 주님을 옮겨다가 어디에 두었는지 알지 못합니다."라고 이야기 합니다. 성경은 문어체이기 때문에 감정을 다 표현하지 못합니다. 그러나 우리는 이 장면을 충분히 상상해 볼 수 있습니다.

예수님이 보시는 것이 무엇인줄 아십니까? 그분을 향한 순수한 마음입니다. 그분을 향한 순수한 열정입니다. 그래서 예수님은 자신이 부활한 몸을 가장 먼저 막달라 마리아에게 보여 주셨습니다. 왜 미천한 이 여인에게 예수님께서 당신의 부활하신 몸을 가장 먼저 보여주셨을까요? 제자들에게 먼저 보여주실 수도 있었고, 자기의 부활을 의심하는 자들에게 먼저 보여주실 수도 있었고, 예수님을 사모하는 다른 사람들에게 먼저 보여주실 수도 있었습니다. 그러나 예수님이 부활하신 그 영광스러운 모습을 막달라 마리아에게 가장 먼저 보여주신 이유는 마리아가 예수님을 그렇게 간절하게 사랑했기 때문입니다. 막달라 마리아의 간절한 열정과 사랑 때문입니다.

성경에 이것이 분명히 기록되어 있습니다. "나를 사랑하는 자들이 나의 사랑을 입으며 나를 간절히 찾는 자가 나를 만날 것이니라"(잠 8:17). 예수님은 우주 만물을 다 움직이시는 바쁘신 분이시지만, 그럼에도 불구하고 우리가 그분을 향한 열정과 눈물이 있을 때 그분은 우리를 가장 먼저 만나 주십니다. 예수님을 만난 사람들을 자세히 보면 어떤 지위나 자격이 있어서, 또는 헌금을 많이 했거나 봉사를 많이 했기 때문에 만나 주시는 것이 아닙니다. 정말 순수한 마음, 즉 내가 예수 없으면 살 수 없겠다는 마음이 있었습니다. 그것이 중요한 것입니다.

예수께서 살아나셨다는 사실을 막달라 마리아가 믿었다면 눈물을 그칠 수 있었겠지만, 아마도 이 여인은 예수님의 부활을 기대하고 무덤을 찾았던 것은 아니었던 것 같습니다. 왜냐하면 예수님이 부활하신 사실을 가르쳐주어도 금방 기뻐할 수 없었고, 또 곁에 계신 부활하신 예수님을 알아보지 못했기 때문에 그렇습니다. 그런 차원에서 보자면 예수님의 말씀을 들었지만 믿지 못하는 믿음이 약한 사람일 수도 있습니다. 하나님은 우리의 믿음이 완벽해서 우리를 사용하시는 것이 아닙니다. 우리가 하나님 앞에 완벽하게 모든 것을 구비하였기 때문에 쓰시는 것이 아닙니다. 하나님이 보시는 것은 순수함입니다. 열정입니다. 하나님이 바라보시는 것은 주님을 향한 간절한 마음입니다. 막달라 마리아는 부활에 대한 믿음은 없었던 것 같습니다. 그러나 예수님을 향한 뜨거운 마음과 사랑으로 예수님을 움직일 수 있었습니다. 그래서 예수님은 당신을 그렇게 보기를 원하는 마리아 앞에 가장 먼저 나타나 주실 수밖에 없었습니다.

14절에 "이 말을 하고 뒤로 돌이켜 예수께서 서 계신 것을 보았으나 예수이신 줄은 알지 못하더라"고 기록되어 있습니다. 마리아는 쉽게 볼 수 없는 천사를 만났지만 울음을 그치지는 못했습니다. 일반 사람들이 천사를 만난다는 것은 그것만으로도 얼마나 영광스러운 일이겠습니까? 그러나 마리아에게는 오직 예수, 나의 삶을 변화시켜 주셨고, 일곱 귀신을 쫓아내 주셨으며, 인격적으로 대우해주시고 사랑해주셨던 예수, 그 예수만이 있었을 뿐이었습니다. 그래서 천사를 만나고도 눈물을 그치지 않자 예수님은 그런 마리아를 가장 먼저 만나 주셨습니다.

　　15절에 보니까 "예수께서 이르시되 여자여 어찌하여 울며 누구를 찾느냐 하시니 마리아는 그가 동산지기인 줄 알고 이르되 주여 당신이 옮겼거든 어디 두었는지 내게 이르소서 그리하면 내가 가져가리이다"라고 말했습니다. 마리아는 부활하신 영광스런 예수님의 모습을 보고도 알아차리지 못했습니다. 마리아는 이야기를 하면서도 계속 흐느껴 울었을 것입니다. '주여! 도대체 시신이 어디에 있습니까? 당신이 옮겼다고 한다면 나에게 주십시오. 그분의 시신이라도 나에게 주십시오.' 예수님의 시신이라도 지키려고 하는 사랑과 열정이 있었던 것입니다.

　　여러분! 때로는 우리가 완벽해서 예수를 쫓아가는 것 같지는 않습니다. 예수님이 성경을 통해서 해 주신 말씀들을 얼마나 자주 잊어버립니까? 마리아도 예수님께서 부활에 대해 하신 말씀들을 잊어 버렸던 것 같습니다. 그러나 그분을 향한 순수한 마음과 열정이 남아 있다고 한다면 그것이 우리로 하여금 주님을 만나게 합니다. 그리고 주님을 만남으로 알고는 있었지만 지키지 못했던 것을 새롭게 깨닫게 하시며 하나님의 놀라운 비밀들을 경험하게 되는 것입니다. 그래서 성경을 많이 아는 것도 중요하고, 많은 은사를 경험한 것도 중요하지만, 더 중요한 것은 주님을 향한 순수한 마음이라고 생각합니다.

성경에 보면 예수님이 십자가를 지고 가실 때 너무나 지쳐 있고 십자가를 지고 갈 힘이 없었기에 구레네 시몬이라고 하는 사람이 대신 지고 갑니다. 그렇게 예수님을 쫓았던 많은 무리들은 십자가 양편으로 나뉘어 서서 구경꾼이 되어버리고 말았습니다. '정말 저 사람이 우리가 따랐던 대로 기적과 능력을 행하시는 하나님의 아들이라고 한다면 저렇게 비참하게 끝내지는 않을거야. 만약 저 십자가를 다 물리치고 하나님의 아들이심을 보여주신다면 그때 예수 편에 가서 서야지'라는 계산적인 생각을 가지고 있었던 것 같습니다. 그러나 그 순간, 가슴을 치며 슬피 울며 따라오는 여인의 무리가 있었습니다. 아마 그 여인의 무리 가운데 이 막달라 마리아도 들어가 있었을 것입니다. 이 여인들이 울면서 예수를 따랐을 때, 말 한마디 할 수 없이 지쳐 있었던 예수님이셨지만 힘을 내어 그 여인들에게 십자가의 의미를 가르쳐 주셨습니다. "예루살렘의 딸들아 나를 위해서 울지 말고 너희와 너희 자녀를 위해서 울라"(눅 23:28). 무슨 말씀입니까? 예수님 때문에 우는 눈물은 한번으로 끝 나 버릴 수 있는 눈물입니다. 십자가를 지신 예수님을 슬퍼하면서 흘릴 눈물은 한번으로 끝날 수 있지만 지속적으로 죄를 지을 수밖에 없는 연약한 나 자신을 위해서는 계속 울어야 된다는 것입니다. 예수님의 십자가는 나와 내 자녀의 죄를 심판하는 십자가라는 것입니다.

이 사건을 통해서 볼 때, 예수님은 당신을 향한 사랑하는 마음 하나만 있어도 그들에게 십자가의 진리를 가르쳐 주시는 분이십니다. 많은 제자들이 십자가의 진리를 듣고 알고 있었지만, 어느 누구도 예수님을 따라가면서 십자가를 지고 가겠다고 얘기하지 않았습니다. 차라리 베드로가 그의 급한 성격대로 예수님의 십자가를 지고 가겠노라고 예수님을 따라다녔다면 얼마나 더 위대한 인물이 되었겠습니까? 제자들은 알았지만 떠났습니다. 그러나 이 여인들은 알지 못했지만 울면서 가슴을 치면서 예수를 따라왔습니다.

오늘날도 그렇습니다. 우리가 예수님에 대한 지식이 있어서 예수님을 만난 것이 아닌 것 같습니다. 우리가 많은 능력을 가지고 있다고 예수님을 깊게 경험할 수 있는 것은 아닌 것 같습니다. 예수님을 향한 순수한 열정과 순수한 사랑이 있는지 스스로 물어보아야 할 것입니다. 교회를 다니고 신앙생활을 한다는 것이 주일날 교회만 왔다 갔다 하는 것만이 절대 아닙니다. 그분을 만나야 우리의 삶에 변화가 있습니다. 그분을 만나야 기쁨과 소망이 생깁니다. 그분을 만나야 위로가 있습니다.

4. 예수께 대한 열정과 눈물은 복음의 은혜를 경험케 합니다
– 부활한 주님은 연민을 가지고 마리아를 불러주셨습니다(16절)

네 번째로 여러분과 나누고 싶은 교훈이 있습니다. 그것은 예수님에 대한 열정과 눈물은 예수님의 긍휼을 경험하게 한다는 것입니다. 16절을 보십시오. "예수께서 마리아야 하시거늘 마리아가 돌이켜 히브리 말로 랍오니 하니"

그냥 지나칠 수 있는 부분이지만 사실 이 구절이 가장 클라이막스입니다. 왜 그런지 아십니까? 마리아는 예수님을 만났는데도 눈이 떠지지 못해서 예수님인지 알아보지 못하고 그 앞에서 계속 울고만 있었습니다. 오히려 동산지기인 줄 알고 예수님의 시신을 좀 갖다 달라고 말합니다. 예수님의 시신이라도 온전히 지키기를 원하면서 계속 예수님 때문에 울고 있었습니다. 예수님의 마음이 얼마나 민망하셨겠습니까? 한편으로는 믿음이 없는 것을 보시지만, 한편으로는 그렇게 예수님을 향한 열정과 사랑을 표현하는 모습을 통해 예수님의 마음은 너무나 감동이 되셨던 것입니다. 그 때 예수님은 이 여인을 향해 긍휼을 베푸십니다. 그 긍휼은 그 여인의 이름을 불러 주신 것입니다.

'마리아야!' 이 말은 위로가 담긴 말입니다. 사랑이 담긴 메시지입니다. 권세가 있는 말입니다. 능력이 있는 말입니다. 저는 이 구절을 읽으면서 소망했습니다. 주님께서 찾아오셔서 저에게 '도균아'라고 말씀해 주시기를 말입니다. 이제까지 살아오면서 나름대로 어렵고 힘든 일들을 많이 경험해 보았습니다. 그 때마다 하나님 앞에 무릎을 꿇었습니다. '하나님! 찾아와 주십시오. 하나님이 아니면 아무것도 할 수 없습니다.' 그때 주님이 찾아오셔서 '도균아'라고 불러주셨습니다. 그 때는 더 이상 어떤 말이 필요 없습니다. 그냥 예수님이 한번 이름을 불러주시는데 그 이름 안에 모든 감정이 다 포함되어 있기 때문이죠.

오늘 예수님께서 '마리아야'라고 이름을 불러 주신 것 안에는 이런 의미가 포함되어 있습니다. '마리아야, 내가 너의 마음을 안다. 내가 너의 아픔을 안다. 마리아야, 내가 너의 삶을 안다. 무엇 때문에 힘들어 하는지 내가 너를 안다'라고 하는 말씀입니다. 여러분! 이것은 너무나 중요한 예수님의 메시지였습니다. 어쩌면 예수님도 마리아를 바라보시면서 우셨을지 모릅니다.

놀라운 것은 예수님께서 마리아의 이름을 불러 주셨을 때 마리아의 눈이 열려졌다는 것입니다. 예수님이 마리아의 이름을 불러 주셨을 때 마리아는 히브리말로 '랍오니'라고 외칩니다. 이때 '랍오니'라는 말은 랍비에서 파생된 말입니다. 그냥 '선생님'이라는 말이 아니라 '나의 주님이시여!'라는 의미가 담겨있습니다. 17절의 말씀에 "예수께서 이르시되 나를 붙들지 말라"라고 나오는데 그 이유는 영적인 눈이 열려진 마리아가 살아난 예수님을 만난 큰 기쁨 때문에 예수님을 와락 끌어안으려는 어떤 행동을 보였기 때문에 하신 말씀이라고 볼 수 있습니다.

결국 예수님의 한마디에 마리아의 모든 문제가 해결되었습니다. 그의 모든 아픔이 사라졌습니다. 그의 모든 그 마음속의 상처가 다 지워졌습니다. 그리고 영적인 눈이 열려져서 예수님을 알아보게 되었습니다.

5. 예수께 대한 열정과 눈물은 우리가 복음을 전하는 사람으로 바꾸어 줍니다 − 비천한 마리아였지만, 주님은 그에게 부활의 소식과 자신에 관한 일을 전하는 사명자로 삼아주셨습니다(17절~18절)

마지막 다섯 번째로, 다시 복음 앞에서 부활한 예수의 은혜를 경험한 마리아는 예수님을 전하는 사람으로 바뀌었습니다. 복음을 경험한 자의 입에서 나오는 말은 '예수!'입니다. 18절을 보니, 마리아는 제자들에게 자신이 예수님을 본 것과 예수님께서 자기에게 말씀하신 것을 전합니다. 내가 정말 복음을 경험했는지, 복음에 대한 뜨거운 열정이 살아 있는지는 내 입에서 흘러나오는 말들을 통해서 알 수 있습니다. 선교를 이야기하기 전에, 전도를 이야기하기 전에, 가장 중요한 것은 내 삶에서 그 예수가 뜨겁게 고백되어지고 있느냐를 살펴보아야 할 것입니다. 여러분! 여러분의 입술을 통해서 어떤 말이 가장 많이 흘러나오고 있는지 가만히 돌아보십시오. 혹시 '내가'라는 말이 나오고 있지는 않습니까? 예수님을 깊게 만난 사람은 그 때부터 '예수!'라는 그 이름만이 흘러나오게 될 줄 믿습니다. 우리의 경험 안에서 터져 나오는 그 이름은 능력의 이름이요, 영혼을 살리는 이름이요, 하나님께 큰 영광이 되는 이름인 것입니다.

마무리

이제 말씀을 마무리하면서 여러분에게 다시 묻고 싶습니다. 예수! 그 복음을 향한 열정과 눈물이 여러분에게 있습니까? 아무리 목사라도, 전도사라도, 장로, 권사, 집사라도 이 마리아와 같이 순수한 열정과 뜨거운 사랑이 없다면 주님을 만날 수 없습니다. 주님이 오늘 우리에게 원하시는 것은 이 순수한 열정이고 순수한 눈물입니다. 이 눈물이 있는 곳에, 즉 그분을 만나기를 원하는 그 간절함이 있는 곳에 예수님께서 나타나십니다. 그리고 이름을 불러주십니다. 그 이름을 부르실 때에는 모든 문제가 사라지는 것입니다. 이 놀라운 예수님의 긍휼이 우리 안에 경험될 수 있기를 원합니다.

또한 이렇게 복음 앞에 다시 서서 그 은혜를 경험한 사람들은 그 은혜 가운데에서 자신의 입을 통해 예수 그리스도의 이름을 전하기 시작합니다. 부활한 예수를 가장 처음 만났던 마리아! 그녀는 예수를 다시 만나기 전에는 단지 그분을 향한 연민과 사랑은 있었지만 자신의 삶을 바꿀 수 있는 능력은 없었습니다. 그러나 부활하신 예수님을 다시 만난 후 눈물을 그치고, 능력의 이름, 소망의 이름, 기쁨의 이름이신 예수를 외치는 삶으로 바뀌기 시작했습니다. 사랑하는 여러분! 우리 자신을 다시 복음 앞에 세워 부활하신 예수 그리스도의 은혜로 우리를 채워야 하지 않을까요? 그래서 우리의 입을 통하여 예수 그리스도의 이름이 전해져야 하지 않을까요?

마무리를 위해서 다시 생각하고 토의할 문제들

1. 예수님이 십자가에서 죽으신 후에도, 막달라 마리아가 예수님을 그리워하며 무덤까지 달려간 이유가 무엇이라고 생각하십니까? 무엇이 이러한 열정을 만들어 내었습니까?

2. 마리아가 무덤 앞에서 울었던 눈물의 의미는 무엇일까요? 나는 예수님을 향한 눈물이 있는 사람입니까?

3. 부활하신 예수님께서 가장 먼저 막달라 마리아에게 나타나신 이유가 무엇이라고 생각하십니까? 이것은 얼마나 큰 영광일까요?

4. 눈물을 흘리고 있는 마리아에게 예수님은 그의 이름을 불러주셨습니다. 만약 내가 이러한 상황이라면 어떠한 느낌일까요?

5. 다시 예수님을 만난 마리아가 가장 먼저 한 일은 무엇입니까? 예수께서는 다시 복음 앞에 선 자들을 어떤 일을 하는 자들로 만들어 주십니까?

6. 복음을 전하는 하나님의 일을 하는데 빈부(貧富), 귀천(貴賤)이 상관있습니까? 무엇이 가장 중요한 요소가 될까요?

7. 마리아를 찾아오신 예수님은 오늘 나에게도 찾아오실 수 있습니다. 울고 있는 마리아에게 그 이름을 부르시며 위로해 주신 주님이, 내 이름도 불러 주시기를 기대해 보세요!

Chapter 02. 다시 복음 앞에! - 열 제자 이야기

주제를 풀어갈 성경본문
요한복음 20장 19~23절

주제를 풀어갈 글의 개요

[들어가면서]
본문의 정황과 배경

[본론]

1. 제자들을 다시 복음 앞에 세우시는 예수님 - 회복시키시는 방법
   1) 제자들의 상태 - 두려움 속에 폐쇄적인 삶을 살았습니다.
   2) 제자들을 회복시킨 도구 - 평강의 선언과 복음의 흔적
   3) 제자들의 회복 - 주를 보고 기뻐함

2. 제자들을 파송하시는 예수님 - 다시 복음 앞에 서야 할 궁극적 이유
   1) 다시 평강을 선언하심 - 세상을 이길 힘으로서의 평강
   2) 제자들을 파송하심 - 제자들을 만나주신 궁극적인 목적
   3) 파송의 방법 - 하나님께서 예수님을 파송하듯이

3. 제자들에게 사명을 주시는 예수님 - 복음의 완성으로 이루어진 결과
   1) 죄 사함 - 복음의 결과로서 사명의 본질
   2) 사명을 감당할 힘으로서의 성령을 약속
   3) 사명에 걸맞은 지위를 보장해 주시는 예수님

[마무리] - 요약과 적용

RETURN TO THE GOSPEL

| 들어가면서 |

예수님의 죽음 때문에 두려움에 싸여 있던 제자들도 예수님의 죽음 후, 부활하신 예수님 앞에 다시 서는 시간이 필요했습니다. 부활하신 예수님을 다시 뵙고 회복되어 그들의 사명을 온전히 깨달아 감당하기 위함입니다. 예수님을 다시 만나지 않고는, 그 복음의 핵심이신 그 분 앞에 다시 서지 않고는 어떠한 일도 행할 수 없는 오합지졸과 같은 사람들이 지금의 제자들이었습니다. 그런데 오늘의 본문 말씀이 바로 부활하신 예수님께서 제자들에게 첫 번째로 나타나신 장면입니다.

여러분! 비록 제자들이 지금 두려움에 싸여 그들이 행하여야 할 바를 온전히 행하지 못하고 있다고 할지라도, 우리는 예수님의 제자들을 함부로 신앙이 없다고, 그리고 믿음이 없다고 평가해서는 안 됩니다. 그들은 예수님을 따르기 위하여 배와 그물을 버리는 과감한 결단을 시작으로 제자의 삶을 살았습니다. 그리고 그들은 예수님을 따라다니면서 수없이 많은 말씀들을 들었습니다. 기적들도 보았고, 예수께서 하나님의 아들이심을 여실히 보고 깨달았습니다. 1년이 지나고 2년이 지나고, 드디어 3년이 되었을 때에 예수께서는 제자들에게 예고 하셨듯이 십자가를 지시고 죽으셨습니다. 지금 이 제자들은 온전한 제자로 세워지기 위해서 마지막으로 큰 산고를 겪고 있는 중입니다.

예수님과 함께 있었다고 해서 다 완전한 제자가 되는 것이 아니며, 또한 배와 그물을 버려두었다고 해서 다 완전한 제자가 되는 것은 아닙니다. 예수님의 말씀을 들었다고, 그분에게 훈련을 받았다고 다 완전한 제자가 되는 것이 아닙니다. 이제 정말 완전한 제자가 되기 위해 이 제자들이 겪는 마지막 산고는 바로 예수님의 십자가의 죽음과 부활이었습니다.

예수님께서 힘없이 십자가를 지시며 그렇게 아무런 저항 없이 죽어가는 모습을 보면서 제자들은 마음속 깊이 좌절과 실망으로 가득 채워졌을 것입니다. 그래서 제자들은 너무나 힘들고 두려운 나머지 문을 닫고 폐쇄적인 삶을 살았습니다. 바로 그러한 제자들에게 부활하신 예수님이 나타나셔서 그들을 다시 회복하시고 그들이 해야 될 일들을 가르쳐 주시며 그 일들을 할 수 있도록 만들어 주신 것입니다. 그러나 안타깝게도 여기에 도마는 없었습니다. 그래서 본문에서는 열 제자만이 처음으로 부활하신 예수님을 경험하게 됩니다.

1. 제자들을 다시 복음 앞에 세우시는 예수님 – 회복시키시는 방법

1) 제자들의 상태 – 두려움 속에 폐쇄적인 삶을 살았습니다.

예수님의 십자가를 목도한 제자들은 두려움 속에 폐쇄적인 삶을 살고 있었습니다. 비록 3일 전에 일어난 일이었지만 예수께서 십자가에서 아무런 힘없이 돌아가신 모습을 그들의 눈으로 경험하고 나서 그들에게 두려움이 물밀듯이 밀려들었습니다. 그것은 먼저 사람에 대한 두려움이었습니다. 자신이 믿었던 예수를 저렇게 십자가에 못 박아 죽일 수 있는 유대인들이라고 한다면 자신들은 말할 나위도 없이 핍박과 죽음으로 내

몰 수 있겠다는 생각에 제자들은 유대인들을 두려워하기 시작했습니다. 또한 제자들의 두려움은 죽음에 대한 두려움이었습니다. 자신도 저렇게 힘 한번 쓰지 못하고 붙잡히면 죽을 수 있겠다는 생각 속에서 죽음에 대한 두려움이 엄습해 왔던 것입니다. 그렇기에 제자들은 두려움 속에서 도저히 밖으로 나갈 수 없어서 문을 꼭 잠근 채로 폐쇄적인 삶을 살았습니다.

여러분, 이 제자들이 얼마나 힘들었겠습니까? 제자들이 얼마나 고통스러웠겠습니까? 그렇게 예수를 따라 다녔던 3년이 행복했던 시간들이었고, 예수께서 일으켰던 기적들과 이사들을 바라보는 것이 정말 아름다웠던 시간들이었는데, 이제 온전한 제자가 되기 위해 반드시 겪어야 될 십자가와 부활의 사건 속에서 제자들은 한없이 바닥으로 내려앉게 되었습니다. 그 밑바닥 속에서 예수를 기다리지도 못한 채, 부활을 확신하지도 못한 채, 문을 잠그고 그들끼리 시간을 보내고 있었던 것입니다.

2) 제자들을 회복시킨 도구 - 평강의 선언과 복음의 흔적

부활하신 예수님은 그러한 제자들을 찾아가 주셨습니다. 여러분, 우리가 성경을 보면서 눈여겨보아야 할 부분이 있습니다. 그것은 지금 이 제자들에게는 스스로 예수를 찾고 예수를 만날 힘이 없다는 것입니다. 그렇기에 예수님이 일방적으로 그들을 찾아가시지 않으시면 도저히 다시 일어날 가망성이 없는 사람들이었습니다.

여러분! 성경을 자세히 보면, 하나님도 항상 그러하셨지만, 예수님도 일방적으로 이렇게 힘없는 자들, 좌절한 자들, 밑바닥에 있는 자들을 먼저 찾아가 주셨습니다. 왜냐하면 그들을 회복하시기 위함이셨습니다. 예수님이 먼저 찾아가시지 않는다면 그들에게 회복은 있을 수 없습니다. 그렇기에 예수님은 부활하신 몸을 가지고 그 제자들에게 가장 먼저 찾아가 주셨습니다. 이것이 은혜입니다. 주님이 먼저 죄지은 우리에게 찾아오신 것이 은혜입니다. 이 은혜가 있기에 우리에게 희망이 있는 것이고 소망이 있는 것입니다. 비록 죄 가운데 두려움을 가지고 있지만 그 주님이 우리를 포기하지 않으시기에 소망이 있는 것입니다. 무너지고 넘어져도 언제라도 일어설 수 있는 것입니다.

본문에서 볼 때, 예수님이 제자들을 찾아가셔서 가장 먼저 하신 일은 '회복'이었다는 사실에 초점을 맞추십시오. 예수님은 찾아가셔서 베드로에게 왜 나를 세 번 부인했느냐고 그리고, 제자들에게 내가 그렇게 세 번이나 죽고 부활할 것을 이야기했지만 어떻게 십자가 앞을 지키지 못했느냐고, 제자들을 나무라거나 꾸짖지 아니하셨습니다. 이 제자들은 지금 조금만 건드려도 펑펑 울 수 있는 자들이고, 이 제자들은 완전히 밑바닥에서 스승을 잃고 목자 없는 양처럼 마음이 심히 무너진 자들이었기에 예수님은 이들을 위해 회복을 준비하셨던 것입니다.

그런데 예수님이 제자들을 찾아가셔서 회복시켜 주신 도구가 무엇인줄 아십니까? 그것은 먼저 평강의 선언이었습니다. 19절에 "이 날 곧 안식 후 첫날 저녁 때에 제자들이 유대인들을 두려워하여 모인 곳의 문들을 닫았더니 예수께서 오사 가운데 서서 이르시되 너희에게 평강이 있을지어다"라고 말씀하셨습니다. 여러분! 여기 19절에서 가장 대조적인 두 단어가 있습니다. 하나는 '두려움'이고, 하나는 '평강'입니다.

바로 두려움에 차 있었던 제자들에게 예수님이 다가가서서 "평강이 너희에게 있을지어다"라고 선언해 주신 것입니다. 그런데 이 말에는 능력이 있고 권세가 있습니다. 왜 그렇습니까? 예수님께서는 당신께서 직접 죄로 막혀 있는 담을 허시기 위하여, 그리고 하나님께 나아가는 온전한 통로가 되시어 완전한 평강을 선물로 주시기 위하여 십자가에서 죽으시고 부활하셨기 때문입니다. 당신의 죽으심으로 말미암아 평강이 완성된 것이기에 예수님은 완성된 평강을 자신의 입으로 제자들에게 먼저 선언해 주심으로 두려움에 떨고 있었던 제자들에게 평강을 누릴 수 있도록 해 주신 것입니다. 평강, 이 평강이 바로 제자들을 회복시킨 첫 번째 도구였습니다.

우리가 삶의 밑바닥에 있을 때 그리고 힘이 없이 낙망되고 좌절될 때, 무엇을 해야 될지 모를 정도로 심히 어려워져 있을 때, 우리를 회복시킬 수 있는 것은 돈이 아닙니다. 우리를 회복시킬 수 있는 사람과의 관계가 아닙니다. 우리를 회복시킬 수 있는 것은 다른 어떤 눈에 보이는 열매들이 아닙니다. 우리를 회복시킬 수 있는 것은 십자가에서 이뤄 놓으신 바로 그 평강입니다. 오늘 이 평강이 여러분과 함께 하기를 원합니다. 여러분! 예수님이 바로 그 말씀을 해 주신 것입니다. "평강이 너희에게 있을지어다"

예수님께서는 이 말씀을 하시고 나서 손과 옆구리를 보이셨습니다. "이 말씀을 하시고 손과 옆구리를 보이시니 제자들이 주를 보고 기뻐하더라"(20절). 못 자국과 창 자국을 그들에게 보여주셨다는 것은 바로 가시적인 복음, 즉 눈으로 볼 수 있는 복음의 흔적을 의미하는 것입니다. '너희들이 두려워 떨고, 삶에서 도저히 일어날 힘조차 없을 지금 이 순간에 내가 평강을 너희에게 선언해 주었고, 그 평강이 너희에게 임한 것인데 너희가 경험하는 평강이 어떻게 만들어진 것인 줄 아느냐? 그것은 바로 이 창 자국과 못 자국으로 인해서 만들어진 평강이다'라는 것을 그들에게 가르쳐 주신 것입니다.

평강은 말로 선언해서 오는 것이 아닙니다. 예수께서 우리의 모든 죄 짐을 지시고 십자가 위에서 그렇게 철저하게 죽어주심으로 죄 값을 치루시고 하나님과의 관계를 열어놓으셨기에 이 평강이 우리에게 경험될 수 있는 것입니다. 그러므로 세상이 줄 수 없는 진정한 평강을 주실 수 있는 분은 하나님 밖에 없음을 명심하십시오. 그렇기에 저는 오늘 이 시간에 여러분에게 과감하게 말씀드리고 싶은 것은, 혹여나 삶을 살아가다가 힘들고, 어렵고, 밑바닥에서 도저히 일어날 힘이 없으신 분이 계시다면 다른 어떤 것보다도 주님의 십자가의 흔적, 복음의 흔적을 요청하고 경험할 수 있기를 원합니다. 그 피 묻은 손과 못 자국을 내가 만져 보고 그 옆구리를 내가 경험해 보아야, 그리고 그 복음의 흔적 앞으로 여러분이 나와야 회복의 평강을 경험할 수 있기 때문에 그렇습니다.

3) 제자들의 회복 – 주를 보고 기뻐함

여러분, 예수님께서는 제자들에게 나타나셔서 그렇게 평강의 선언을 해 주시고 그 평강을 이루신 도구로 옆구리와 손을 보여 주셨습니다. 그 때 이 제자들의 반응이 어떠했습니까? 20절에 보니 "주를 보고 기뻐하더라"고 기록되어 있습니다. 열 제자들은 조금 전까지만 하더라도 두려움에 사로잡혀서 문을 닫고 폐쇄적인 삶을 살았던 자들이었습니다. 그리고 '도저히 나는 앞으로 나아갈 수 없습니다. 어떻게 살아야 될지 모르겠습니다. 예수님의 제자로 살아왔던 3년의 삶이 후회스럽기도 합니다' 라는 마음으로 뭉쳐 있었던 자들이었습니다.

그러나 한 순간에 그들의 얼굴에 기쁨이 오기 시작했습니다. 왜입니까? 그것은 복음의 흔적으로 이루어 놓으신 평강을 예수님의 선언으로 말미암아 그들이 경험하였기 때문입니다. 그리고 그 평강 안에서 부활한 예수를 바라보니 그들의 눈앞에 나타나신 분이 바로 이제까지 그들이 믿고 따르며 섬겼던 바로 그 주님이시라는 사실을 발견할 수 있었기 때문입니다.

여러분! 성경을 보면서 발견할 수 있는 중요한 사실 가운데 하나는 복음이 들어간 결과는 기쁨이라고 하는 것입니다. 복음이 들어간 곳에 '슬픔이 있었더라, 아픔이 있었더라, 그리고 절망이 있었더라'는 구절은 전혀 없습니다. 예수가 가는 곳곳마다 기쁨이 있었고, 예수께서 전해 주신, 완성된 복음이 선포되는 곳곳에 기쁨이 있었습니다. 한 예를 들자면 사도행전 8장을 보면, 초대 교회 빌립 집사가 예루살렘 교회의 박해를 피하여 사마리아 성으로 들어가게 되었고 그곳에서 그가 경험한 복음을 전했을 때, "그 성에 기쁨이 가득하였더라"고 기록하였습니다. 이것이 바로 복음의 결과입니다.

그래서 오늘 예수님께서 당신께서 이루어 놓으신 평강을 제자들에게 선언하시고 당신께서 그것을 이루기 위해 치루셨던 가시적인 복음을 제자들에게 경험케 하셨을 때, 제자들은 마음속에 평안이 생겼고 외적으로는 기쁨이 흘러넘쳤습니다. 제자들은 이 복음 앞에서 그들의 낙망된 마음, 좌절된 마음, 무너진 마음을 다시 세우고 회복할 수 있었습니다.

2. 제자들을 파송하시는 예수님
- 다시 복음 앞에 서야할 궁극적 이유

그럼 예수님께서 제자들을 이렇게 회복시켜 주시고 나서 모든 것을 끝내셨습니까? 그렇지 않습니다. 예수님께서 그들을 회복해 주신 목적이 있습니다. 그것은 그들이 회복되어져서 평강과 기쁨 속에서만 살아가기를 원치 않으셨다는 것을 우리에게 보여 줍니다. 여러분! 우리가 이 사실에서 궁극적으로 알아야 될 것이 있습니다. 우리가 예수 믿고 평강을 누리고 삶에 기쁨이 있어야 될 이유는 나만을 위해서가 아닙니다. 그것은 예수님이 그렇게 회복된 나를 통해서 하실 일들이 있으시기 때문입니다. 그래서 부활하신 예수님은 밑바닥에 있는 제자들을 찾아가서서 회복시켜 주시고 난 후, 그들을 파송해 주셨습니다.

1) 다시 평강을 선언하심 - 세상을 이길 힘으로서의 평강
참 놀라운 것은 파송하시면서 예수님이 다시 평강을 말씀해 주신 것입니다. 21절을 보십시오. "예수께서 또 이르시되 너희에게 평강이 있을지어다." 여러분! 왜 예수님이 또 다시 평강을 말씀해 주셨을까요? 두려움에 차 있었던 그 제자들에게 평강을 주시기 위해서 평강을 선언하신 것은 이해할 수 있는데, 이 제자들을 파송하시기 전에 왜 또 다시 평강을 선언해 주셨을까요? 여기에는 몇 가지 이유가 있습니다.

요한복음에 보면 유독 예수님이 제자들에게 평강을 두 번 말씀하십니다. 그 이유는 평강의 두 가지 의미를 말씀해 주시기 위해서였습니다. 이것은 예수님이 붙잡히기 직전에 제자들에게 말씀해 주신 고별 연설장에 나와 있습니다.

첫째는 14장 27절에 나와 있습니다. "평안을 너희에게 끼치노니 곧 나의 평안을 너희에게 주노라 내가 너희에게 주는 것은 세상이 주는 것과 같지 아니하니라 너희는 마음에 근심하지도 말고 두려워하지도 말라." 나머지 한 곳은 16장 33절입니다. "이것을 너희에게 이르는 것은 너희로 내 안에서 평안을 누리게 하려 함이라 세상에서는 너희가 환난을 당하나 담대하라 내가 세상을 이기었노라"

첫 번째 평안은 그리스도인의 표지로서의 평안을 의미합니다. 즉, 평안이 그리스도인의 사인(sign)이라는 것입니다. 내가 그리스도인이냐, 아니냐는 것은 내 안에 예수 그리스도께서 십자가 위에서 이루어 놓으신 평안이 있느냐, 없느냐를 통해서 알 수 있다는 것입니다. 그래서 예수님은 고별 연설장인 요한복음 14장을 이렇게 시작합니다. "너희는 마음에 근심하지 말라 …내 아버지 집에 거할 곳이 많도다 내가 갔다가 곧 올 것이다." 그 말씀을 해 주실 때 제자들의 마음속에 얼마나 많은 두려움이 있었겠습니까? 그리고 얼마나 조바심이 있었겠습니까?

왜 예수님은 그렇게 꼭 가셔야만 될까라는 생각이 들 수 있잖아요. 그런데 예수님이 그 가운데 평안을 주신 것입니다. '이 평안이 너희를 지킬 것이다. 너희들이 진정한 제자라고 한다면, 너희들이 진정한 그리스도인이라고 한다면, 내가 십자가에서 죽고 부활해서 온전히 이루어 놓을 이 평안이 너희 안에 있음으로 말미암아 세상이 너희들을 바라볼 때 그리스도인인 줄 알 것이다'라는 것을 먼저 가르쳐 주신 것입니다.

두 번째 평안은 이렇게 기록되어 있습니다. "너희가 세상에서 환난을 당하나 담대하라 내가 세상을 이기었노라." 이 평안의 의미는 내가 내 안에 그리스도가 이루신 평안이 있다면 세상을 능히 이기며 요동하지 않는다는 뜻입니다. 이 땅을 살아가면서 세상을 이길 힘은 돈에 있지 않고, 다른 은사에 있지 않고, 오직 주님이 십자가에서 이루어 놓으신 평안에 있다고 하는 것입니다. 그래서 이 평안은 한편으로 보자면 내가 이 세상에서 그리스도인답게 살아갈 수 있는 하나의 표지가 되는 것이고, 또 한 편으로는 수많은 유혹과 어려움들이 도사리고 있는 세상 가운데서 요동치 않고 능히 이겨나갈 수 있는 힘이 된다는 것입니다. 예수님은 고별 연설 안에서 평안을 두 번 말씀해 주심으로 제자들이 평안 가운데 온전한 제자로서 서고 살아가기를 원하신 것입니다. 또한 제자들이 예수님처럼 어려움들을 겪을 수 있겠지만 그러나 그 속에서 요동하지 않고 평안이 주는 힘 안에서 모든 어려움들을 이겨 나가기를 기원해 주신 것입니다.

　그런데 오늘 본문을 보면, 예수님께서는 고별연설에서 그러셨듯이 동일하게 평안을 두 번 말씀해 주셨습니다. 먼저는 두려움에 떨고 있는 제자들에게 나타나셔서 그리스도인의 표시로서 평안을 선언해 주셨습니다. "평안이 너희에게 있을지어다(peace be with you)." 그러고 나서 그들이 복음의 흔적을 경험하고 온전하게 기쁨을 되찾았을 때에, 또 평안을 선언해 주셨습니다. 그것은 그 평안이 너희 안에 충만해 짐으로 말미암아 세상에서 다가오는 모든 어려움과 문제들을 이겨나갈 수 있다는 것을 선포해 주신 것입니다. 그리고 나서 제자들을 파송해 주십니다. "아버지가 나를 보내신 것 같이 나도 너희를 보내노라."

2) 제자들을 파송하심 - 제자들을 만나주신 궁극적인 목적

예수님은 회복된 제자들로 인하여 기쁘고 흐뭇하셨겠지만, 제자들만 기쁘게 살아가기를 원치 않으십니다. 그래서 회복된 제자들에게 곧바로 '회복된 너희가 해야 할 일이 있다'고 말씀하십니다. 그것은 바로 '너희처럼 그렇게 두려움을 가지고 있고 폐쇄적인 삶을 살며, 어느 사람도 만나기 싫어하고, 어느 누구도 나에게 도움이 되지 않을 것 같은 인생의 밑바닥 속에서, 좌절과 눈물 속에 살아가고 있을 세상 사람들에게 찾아가서 나눠주라'는 말씀입니다. 즉, 예수님의 파송의 위임이 곧바로 이어졌다는 것입니다.

이것은 예수님께서 제자들을 훈련시키신 목적이기도 하였습니다. 예수님이 제자들을 훈련시키신 목적은 그들과 늘 함께 하시기 위함만이 아니라, 그들로 하여금 세상에 보내어 예수님처럼 죽은 영혼을 살리고 세우기 위함도 목적이었습니다(막 3:14-15). 그래서 회복된 제자들을 곧바로 파송하시는 것입니다.

3) 파송의 방법 - 하나님께서 예수님을 파송하듯이

예수님은 제자들을 파송하심에 있어서 그 방법을 말씀해 주십니다. 왜냐하면 그 방법이 그들에게 힘과 능력이 되기 때문입니다. 저는 이 파송의 방법이 너무나 큰 은혜라고 생각합니다. 21절에 보면, "아버지께서 나를 보내신 것 같이 나도 너희를 보내노라"라고 말씀하고 계십니다. 이것은 하나님이 예수님을 이 땅에 파송하신 것과 똑같이 나도 너희를 이 세상에 파송한다고 하는 것입니다. 여러분, 이 안에는 어떤 의미가 있을까요? 한번 생각해 보십시오.

"하나님이 세상을 이처럼 사랑하사 독생자를 주셨다"라고 성경은 기록하고 있습니다. 하나님은 당신의 하나 밖에 없는 독생자 아들을 사랑하십니다. 그러나 하나님의 형상대로 지음 받은 사람들을 회복시키기 위해서 그 아들을 이 땅에 보내시기로 작정하셨습니다. 여러분, 한 번 생각해 보십시오! 하나님께서 그 아들을 이 땅에 보내실 때 얼마나 많은 눈물이 있으셨을까요? 얼마나 많은 아픔이 있으셨을까요? 얼마나 많은 고통이 있으셨을까요? 그리고 또 한편으로는 얼마나 많은 준비가 있으셨을까요? 얼마나 많은 계획이 있으셨을까요? 그리고 또 한편으로는 그분이 이 땅에 오셔서 그분이 하나님의 아들이심을 드러내고, 오신 목적을 이루시기 위해서 하셔야 될 그 많은 일들 속에서 얼마나 많은 권세를 그에게 위임하셨을까요?

그런데 지금 예수님께서 '아버지가 나를 보내신 것 같이 내가 너희를 보내노라'고 하는 이 말 안에는 그 동일한 의미가 담겨져 있는 것입니다. '내가 너를 회복시켰으니, 내가 너에게 평안을 줬으니, 내가 너에게 기쁨을 줬으니, 나가라'는 것이 아닙니다. 예수님은 그런 분이 아니십니다. 우리가 나아갈 때, 세상은 반드시 화살을 가지고 우리를 쏘아댈 것이고, 그렇기에 우리가 얼마나 힘들 수 있고 어려울 수 있는지를 아시기에 '아버지가 나를 보내신 것 같이 나도 너희를 보내노라'고 말씀하신 것입니다.

여러분이 있는 현장에서 복음을 전하고, 여러분이 있는 현장에서 나에게 평안을 주시고 기쁨을 주셨던 예수를 전할 때에, 바로 그 순간에 여러분이 깨달아 아셔야 할 것이 있습니다. 그것은 바로 하나님이 그 아들 예수를 보내셨던 것처럼, 동일하게 그 예수님이 나를 파송하셔서 내가 그곳에 있다는 사실입니다. 예수님은 나 한 사람을 파송하시기 위해서 많이 우셨을 것입니다. 예수님은 나 한 사람을 그 현장에 보내시기 위해서 많이 고민하셨을 것입니다. 눈에 넣어도 아프지 않을 만큼 정말 소중한 자식이지만 그러나 또 한편으로는 구원받지 못해서 절망과 좌절 속에 살아가고 있는 그들을 먼저 회복된 내가 찾아가지 않는다면 그들이 회복될 수 없기에 예수님은 결단을 내리신 것입니다. 내가 마음이 아프지만, 내가 눈물이 나지만, 그리고 내가 너를 보내고 싶지 않지만, 그러나 그들을 회복시킬 수 있는 사람이 바로 너이기에 보낸다는 것입니다.

여기서 한 가지 주목해야 할 것은 이 파송에는 예수님과 동일한 권세가 그 안에 주어졌다는 것입니다. 예수님께서 이 땅에 오셔서 하나님의 권세로 그 복음을 선포하시고 귀신을 내쫓으시고 많은 병자를 고치신 것처럼, 우리에게 동일한 권세를 주셨다는 것입니다. 그러나 이 파송은 2,000년 전에 있었던 일이기에 오늘날에는 이 말씀을 믿음으로 받아들이고 세상을 향해 나아가야 합니다. 내가 능력이 있어서 행하는 일이 아닙니다. 내가 힘이 있어서 행하는 일이 아닙니다. 그 예수 그리스도께서 아버지와 같이 동일하게 우리를 이 땅에 파송하셨기에, 우리가 그 말씀을 믿고 의지하여 이제는 내가 파송 받은 자로서 그 일들을 감당할 수 있는 것입니다.

3. 제자들에게 사명을 주시는 예수님
- 복음의 완성으로 이루어진 결과

마지막으로, 예수님께서는 제자들을 파송하시며 그들이 구체적으로 해야 될 일이 무엇인지를 가르쳐 주셨습니다. 그것이 바로 22절, 23절입니다. "이 말씀을 하시고 그들을 향하사 숨을 내쉬며 이르시되 성령을 받으라 너희가 누구의 죄든지 사하면 사하여 질 것이요, 누구의 죄든지 그대로 두면 그대로 있으리라 하시니라"

1) 죄 사함 - 복음의 결과로서 사명의 본질

여러분! 제자들이 세상으로 나가서 해야 될 일이 무엇입니까? 그것은 죄 사함의 일입니다. 하나님 아버지와의 깨어진 관계를 회복하는 일입니다. 죄 때문에 아버지와의 관계가 깨어졌기 때문입니다. 여러분! 우리가 분명히 알아야 될 것은 내가 지금 겪고 있는, 내가 해결해야 될 가장 큰 문제는 돈의 문제가 아닙니다. 인간관계의 문제가 아니라는 것입니다. 내가 지금 해결해야 될 문제는 하나님과의 관계의 문제입니다. 그 문제만 해결될 수만 있다면, 이 땅을 살아가면서 내 앞에 쌓여있는 모든 문제를 뚫고 찾아오시는 아버지를 만날 수 있습니다. 그 속에서 삶의 궁극적인 의미를 가질 수 있고, 그 속에서 힘과 능력을 얻을 수 있는 것이 바로 우리 제자들입니다. 그래서 예수님은 제자들을 파송하시면서 제자들이 본질적으로 해야 될 일이 바로 죄 사함의 일이라는 것을 가르쳐 주셨습니다.

2) 사명을 감당할 힘으로서의 성령을 약속

그러나 그 일은 쉽지만은 않습니다. 왜냐하면 죄의 세력이 있기 때문에 그렇습니다. 그리고 죄를 끌고 다니는 공중 권세 잡은 자가 있기 때문에 그렇습니다. 그런데 제자들을 파송하시는 예수님은 너무나 철두철미한 분이기 때문에, 그 사명을 감당할 때 꼭 필요한 것을 선포해 주신 것입니다. 그것이 무엇입니까? 성령을 받으라고 하는 것입니다. 파송되어서 사명을 감당할 때, 내가 비록 내 입으로 말을 하고 내 발로 걸어갔지만 그 일을 그 일되게 하시는 분은 성령님이라고 하는 것입니다. 그래서 '성령을 받으라' 라고 예수님께서 제자들에게 먼저 말씀해 주셨습니다.

그런데 그냥 '성령을 받으라' 라고만 얘기한 것이 아니라 성경에 보면 "그들을 향하사 숨을 내쉬며" 라고 나와 있습니다. 여러분, 예수님의 숨이라고 하는 것을 원어로 보면 그 자체가 '영'이라고 하는 의미가 있습니다. 다시 말하면 그 제자들을 향해서 그냥 숨을 '후~' 불어 주신 것이 아니라 당신의 영을 직접 그 제자들에게 불어 주시면서 너희들이 원하면 얼마든지 받을 수 있다는 것을 가르쳐 주신 것입니다. 성령 받는 방법을 가르쳐 주지도 않고 왜 못 받느냐고 꾸짖는 어떤 지도자들과 같지 않고, 예수님은 직접 당신의 영을 그들에게 불어주시면서 성령을 받으라고 말씀해 주신 것입니다.

우리가 분명히 알아 둘 것이 있습니다. 오늘 우리가 하나님의 일을 행할 때 그 모든 일들은 우리의 발로, 손으로, 입으로 행하는 것이지만, 그러나 그 주체는 성령님이십니다. 성령이 주체가 되어야 하나님의 일이 하나님 일답게 될 수 있고 열매가 맺힐 수 있습니다. 그래서 예수님께서 제자들을 향해서 성령을 받으라고 말씀해 주신 것입니다.

3) 사명에 걸맞는 지위를 보장해 주시는 예수님

마지막으로 예수님은 사명에 걸맞는 지위를 보장해 주셨습니다. 그것이 바로 무엇입니까? "너희가 누구의 죄든지 사하면 사하여 질 것이요, 누구의 죄든지 그대로 두면 그대로 있으리라"라고 하는 말씀입니다. 여러분, 죄 사함의 권세는 누구에게 있습니까? 아버지께 있습니다. 미천하고 연약한 우리에게 있지 않습니다. 그런데 아버지는 그 권세를 우리에게 주신 것입니다. 우리가 그 아버지를 믿고 그 믿음 안에서 이 죄 사함의 관한 일들을 해 나갈 때, 사람들이 죄 사함을 받겠다고 결단한다면 그대로 죄 용서를 해 주시겠다고 하는 것입니다. 그러나 그 사람이 받아들이지 않고 예수님을 영접하지 않는 상태로 가만히 있다고 한다면 그 죄는 없어지지 않을 것입니다. 결국 예수님은 우리의 사명에 걸맞는 지위를 보장해 주신 것입니다. 이것이 얼마나 큰 축복인지 모릅니다.

여러분, 요한복음 5장에 보면 38년 된 병자를 예수님께서 고치실 때에 그에게 뭐라고 말씀해 주셨습니까? "네 자리를 들고 일어나라 네가 죄 사함을 받았느니라." 중풍병자에 대해 뭐라고 말씀하셨습니까? "네 죄 사함을 받았느니라." 여러분! 죄 사함의 권세는, 굉장한 권세입니다. 그래서 그 죄 사함이 선포되는 곳에는 전인적인 치유가 있었습니다. 그리고 전인적인 회복이 있었습니다. 하나님은 우리를 그러한 사람으로 만드시겠다고 하는 것입니다. 내가 기도하고 복음을 전하며 그 영혼이 죄 사함을 받기 원하는 그곳에 하나님이 전인적인 치유를 하시겠다는 것입니다. 우리는 단지, 어떻게 죄 용서함을 받고, 어떻게 두려움에서 해방되고, 어떻게 평강을 누릴 수 있고, 어떻게 기쁨을 누릴 수 있는지 내 입을 통해서 하나님이 원하시는 말들을 하기만 하면 됩니다. 그 때 그 말을 듣고 "내가 죄 사함을 받겠습니다. 예수님을 내 구주로 영접하겠습니다"라고 고백하는 그곳에 주님이 죄 사함을 선물로 주실 뿐더러 그 사람이 가지고 있는 모든 질병의 문제와 인격의 문제, 그리고 정서적인 문제까지도 해결해 주시겠다고 약속하신 것입니다.

마무리

여러분! 저는 열 제자가 부활한 예수님을 만나고 그들이 회복되며 사명을 확인하고 그 사명을 감당할 수 있는 지위와 권세를 주신 본문의 내용을 같이 나누었습니다. 그런데 결론적으로 여러분들에게 말씀드리고 싶은 것이 있습니다. 제자는 배와 그물만을 버려두어서 제자 되는 것이 아닙니다. 예수님을 따라만 가서 제자가 되는 것이 아닙니다. 그리고 그분의 말씀만 들어서 제자가 되는 것이 아닙니다. 죽은 자가 일어나고 오병이어의 기적을 일으키시는 예수님의 기적을 보아서만 제자가 되는 것이 아닙니다. 온전한 제자가 되기 위해서는 산고를 치루어야 합니다. 열 명의 제자들처럼 말입니다. 그 산고는 십자가의 경험을 통해 죽는 것이며, 복음을 완성하신 예수 그리스도 앞에 다시 서는 일입니다. 그때 온전한 제자로 세워질 수 있습니다.

그러나 제자는 그들만 편하게 살라고 제자로 만들어 진 것은 아닙니다. 그들에게는 사명이 있습니다. 즉, 이 세상에 다시 파송되는 일입니다. 마치 아버지가 예수님을 이 땅에 보내셨듯이 그들이 다시 회복되고 무장되어서 이 땅으로 다시 파송 받는 일입니다.

오늘 본문이 우리에게 전해주고자 하는 말이 있습니다. 십자가 앞에 나오기만 하면 우리의 모든 두려움과 우리의 모든 어려움과 우리의 모든 좌절들은 다 해결될 수 있다고 말하고 있습니다. 다시 복음 앞에 서서 예수의 복음의 흔적을 내가 만질 수만 있다면, 경험할 수만 있다면, 나의 모든 문제는 해결되고 평강과 기쁨으로 충만해 질 수 있다는 것입니다. 그리고 제자들을 파송했듯이 예수님은 이미 우리를 파송하셨다는 사실을 믿음으로 받아들이고 우리가 있는 삶의 현장 속에서 두렵고, 어렵고, 힘들고, 좌절하여 살아가는 그 많은 사람들에게 내가 경험한 예수를, 내가 경험한 복음을 전하기를 원하시고 계십니다.

우리 중에는 예수 믿고 신앙 생활한지 오래된 분들도 계실 것이고, 또 지위가 높은 분들도 계실 것입니다. 그러나 누구든지 한 번쯤 오늘 말씀을 듣고 물어보십시오. 나는 진정한 제자입니까? 지금 나는 제자로 온전하게 서기 위해서 이러한 산고를 겪고 있는 것은 아닙니까? 주님 앞에 기도하십시오. '그 제자들을 찾아와 주셨듯이 나를 찾아와 주십시오. 그리고 평강을 선언해 주십시오. 당신이 이루어 놓으신 그 놀라운 평강의 흔적, 그 창 자국과 못 자국을 내가 볼 수 있도록 도와주십시오. 그래서 전인적인 회복이 있게 하옵소서. 당신이 원하는 대로 살겠습니다!' 이 놀라운 고백들이 우리 안에 있게 되기를 원합니다.

마무리를 위해서 다시 생각하고 토의할 문제들

1. 예수님의 제자들은 예수님의 십자가 죽음 후, 왜 두려움에 사로잡혀 있었다고 생각합니까?

2. 문을 닫아 두고 있었던 제자들을 예수님은 어떻게 찾아가셨습니까? 어떻게 이것이 가능할까요?

3. 두려움에 사로잡혀 있었던 제자들을 회복시킨 예수님의 방법은 무엇입니까? 아는 대로 답해보시오.

4. 예수님은 제자들에게 제일 먼저 '평강'을 선언해 주셨습니다. 무슨 자격으로 평강을 선언하실 수 있었으며, 또한 제일 먼저 평강을 선언해 주신 말씀 안에 담겨 있을 의미를 말해보세요.

5. 부활한 예수를 만나 다시 복음 앞에 선 제자들의 가장 큰 특징은 무엇입니까? 성경은 "주를 보고" 어떠했다고 기록하고 있습니까? 이것은 다시 복음 앞에 선 사람들의 특징, 또는 결과라고 할 수 있습니다.

6. 평강과 기쁨을 경험한 제자들에게 예수님은 어떠한 부탁을 하셨습니까? 이것을 통해서 다음의 것들을 알 수 있습니다. 복음은 궁극적으로 나를 살리고 회복시키지만 그것에서 끝나지 않고 절망과 두려움 속에서 살고 있는 영혼들에게 평강을 누리게 하는 힘과 능력이 있음을 알아야 합니다.

7. 예수님께서는 제자들에게 "평강이 너희들에게 있을지어다"를 두 번이나 말씀하셨습니다. 그 이유를 6번의 질문과 연관 지어 말해보세요.

8. 예수님은 하나님께서 당신을 세상에 파송하셨듯이 같은 방법으로 제자들을 세상에 파송하십니다. 같은 방법이라 함은 그 안에 어떠한 의미가 포함되어 있을까요? 그리고 실제로 당신은 파송된 자로서 살아가고 있습니까?

9. 제자들이 세상에서 파송 받은 자로서 해야 할 일이 무엇입니까? 예수님은 이것에 대해서 어떻게 말씀해주십니까? 그리고 그것을 할 수 있는 힘과 능력은 어디에 있습니까?

Chapter 03. 다시 복음 앞에!
-엠마오로 가던 두 제자 이야기

주제를 풀어갈 성경본문
누가복음 24장 13~35절

주제를 풀어갈 글의 개요
[들어가면서]
본문의 정황과 배경

[본론]

1. 예루살렘을 떠나 엠마오로 - 복음을 떠나가는 제자들(13-14절)
   1) 예루살렘은 복음을 경험하였던 곳이고 복음의 전초기지였음.
   2) 엠마오는 복음이 경험되어야 할 절망과 고독의 도시.

2. 엠마오로 가는 제자들의 모습 - 복음을 떠나는 제자들의 모습
   1) 눈이 가리어지고(16절), 슬픈 마음이 있음(17절)
   2) 지식은 있으나 경험이 없고 예수의 죽음까지만 생각함(18-24절)

3. 엠마오로 가는 제자들을 만나주시는 예수님 - 다시 복음 앞에!
   1) 영적인 자각을 주시고 성경에 기록된 복음을 풀어주심(25-27절)
   2) 제자들을 위해서 기도해 주신 예수님(30절)
   3) 떡을 떼어 주심(30절)

4. 다시 복음을 경험한 제자들 - 완성된 복음을 깨닫게 됨
   1) 영적인 눈이 밝아져 예수를 알아보고 느낄 수 있게 됨(31절)
   2) 뜨거움의 회복(32절)

5. 다시 예루살렘으로! - 사명의 자리로 돌아가는 제자들
   1) 사명의 자리로 돌아감
   2) 예수, 복음을 말하기 시작함

[마무리] - 요약과 적용

RETURN TO THE GOSPEL

| 들어가면서 |

예수님의 죽음은 제자들에게 대단히 치명적인 사건이었습니다. 제자들이 배와 그물을 버려두고 모든 것을 포기하고 따랐던 스승이신 예수였는데 그 예수께서 아무런 힘없이 정말 비참하게 십자가에서 그대로 죽어가는 모습을 목격했어야 했던 제자들은 너무나 가슴이 아팠습니다. "이제 우리는 어떻게 되는 것인가?" 제자들은 목적을 상실한 채로 떠돌아다니는 자들이 되었습니다.

인간적으로 생각해 보자면 제자들의 방황, 그 느낌을 충분히 알 수 있습니다. 그러나 예수님은 당신이 이 땅에 오신 궁극적인 이유가 십자가를 지시는 것이라는 것을 이미 제자들에게 가르쳐 주셨습니다. 처음으로 제자들이 그것을 들었을 때에는 이해가 될 것 같았고 따를 수 있을 것 같았는데, 막상 예수님께서 십자가 위에서 그렇게 아무런 힘없이 처참하게 돌아가시자 그들이 알고 있었던 지식이 그들을 목적 가운데로 끌어가지 못했습니다.

성경본문에 나와 있는 제자들도 예루살렘을 떠나 엠마오로 향했다라고 말하고 있습니다. 본문에 나오고 있는 제자들은 예수님의 열두 제자에 소속된 사람이 아닙니다. 그 주변에서 열두 제자들과는 다른 방식으로 예수님을 따랐던 사람들이었습니다. 아마도 예수를 물질적으로 도왔던 상인들이었을 수 있고, 아니면 예수의 말씀과 권위에 굴복하고 따라가기를 간절히 원했던 지식인들일 수도 있습니다. 그런데 그들은 예수님께서 십자가에 못 박히시고 죽었던 모습에 혼란과 두려움 속에서 엠마오로 향하고 있었던 것입니다. 이 두 제자의 이름을 흔히 글로바와 누가라고 이야기를 합니다. 그런데 이 두 명의 제자가 '예루살렘을 떠나서 엠마오로 내려갔다'라는 구절은 복음을 떠나가는 것을 의미합니다. 왜 그럴까요?

1. 예루살렘을 떠나 엠마오로 – 복음을 떠나가는 제자들(13-14절)

복음이 무엇입니까? 복음은 기독교의 가장 중요한 핵심입니다. 그리고 이 세상을 향한 기쁜 소식이기도 합니다. 그런데 바울에 의하면, 복음의 핵심 내용은 예수 그리스도의 십자가 사건과 부활이었습니다. 이것이 기독교를 기독교 되게 만들고, 세상을 향한 가장 기쁜 소식이 됩니다. 십자가가 없는 기독교, 십자가가 없는 기독교의 모든 교육, 십자가가 없는 모든 설교는 다 허무할 뿐입니다. 기독교를 기독교 되게 만드는 것은 바로 예수 그리스도의 십자가와 부활 사건입니다. 그 중심으로 사람들이 모였고, 그 중심에서 생명이 전파되고, 그 중심에서 하나님의 나라가 확장되어 갑니다. 그런데 본문의 두 제자가 예루살렘을 떠나 엠마오로 내려갔다는 것은 복음을 떠나 세상으로 향하고 있는 것입니다. 왜냐하면 예루살렘과 엠마오는 비교되는 장소이기 때문에 그렇습니다.

1) 예루살렘은 복음을 경험하였던 곳이고 복음의 전초기지였음

예루살렘은 복음을 경험했던 곳이고, 예수님의 십자가가 있는 곳이고, 예수님의 부탁처럼 그들이 경험했던 예수-직접 보았던 '십자가'와 이

제 곧 경험할 예수의 '부활'-를 전해야 할 곳이었습니다. 하나님의 계획은 예루살렘에서부터 온 유대와 땅 끝까지 이르러 주의 복음이 전해져서 영혼들을 살리고 하나님의 나라가 이 땅에 임하는 것이었습니다. 이들이 진정한 제자들이었다면 예수님을 따라다니면서 수많은 설교를 듣고 그분이 행하신 일들을 보았기에 그 사실을 알고 있었을 것입니다. 그러나 이 두 명의 제자들은 그들이 있어야 될 자리를 떠났습니다. 예수님의 제자가 있어야 하는 자리가 어디입니까? 그 곳은 복음을 경험하고, 십자가를 경험하고, 예수를 경험했던 자리입니다. 그 자리에서부터 복음이 전파되어 온 세상으로 그리고 열방으로 흘려보내는 일들을 해야 하는 것입니다.

그러나 여러분, 오해하지 마십시오! 복음이 예루살렘에서만 전파되어야 하는 것은 아닙니다. 하지만 분명히 기억해야 할 것은, 항상 복음이 흘러가는 단계가 있는데 그것은 "오직 성령이 너희에게 임하시면 너희가 권능을 받고 예루살렘과 온 유대와 사마리아와 땅 끝까지 이르러 내 증인이 되라"(행1:8)는 말씀과 같이 내 주변에서부터 시작되어야 한다는 것입니다.

그런데 이들은 하나님이 원하시는 그 자리 예루살렘을 떠났습니다. 왜 떠났을까요? 그곳은 위협이 있고, 어려움이 있고, 핍박이 있고, 목숨의 안전함을 유지할 수 없는 곳이었기 때문에 그렇습니다. 심지어 베드로와 제자들까지도 뿔뿔이 흩어진 곳이었습니다. 유대인들이 예수를 잡아 죽일 수 있다면, 예수를 따랐던 그 많은 제자들도 똑같이 잡아 죽일 수 있다고 생각했기 때문입니다. 그러나 예수님은 그러한 위협 속에서도, 어려움 속에서도 생명의 위태로움 속에서도 그 자리를 지키시기를 원하셨습니다. 왜냐하면 어느 누가 예수의 가장 기쁜 소식인 복음을 전할 수 있겠습니까? 예수를 따라다니고 예수님의 이야기를 듣고 경험했던 그들이 아니면 누가 기쁜 복음의 소식을 전할 수 있었겠습니까? 그러나 이 두 제자는 예루살렘을 떠나 엠마오로 내려가고 있었습니다.

2) 엠마오는 복음이 경험되어야 할 절망과 고독의 도시

이 엠마오는 어떤 곳입니까? 성경에 지명으로 보았을 때 예루살렘에서 25리가 되는 시골 지역이었습니다. 엠마오가 유명한 것은 오늘의 본문 말씀 때문일 것입니다. 그러나 성경 어디에도 엠마오에서 역사가 일어나고, 복음을 경험했다는 기록은 없습니다. 아마도 이곳은 두 제자의 고향이었던 것 같습니다. 그러니 예루살렘과 엠마오는 비교되고 있는 것입니다. 예루살렘은 복음을 경험했던 곳이고, 십자가가 있었던 곳이며, 복음이 전해져야 될 그들이 있어야 했던 곳입니다. 그러나 엠마오는 복음과 상관없이 그 시골의 세속적인 도시였습니다.

'다시 복음 앞에'라는 제목이 전제하고 있는 것이 무엇입니까? '복음을 떠났다'라는 것입니다. 복음을 잠시 잊었다는 것이죠. 복음과 상관없이 내가 살았다는 것입니다. 그러면 이 두 제자가 어떻게 살았기에 '다시 복음 앞에'라는 제목이 필요했을까요? 그것이 바로 이 이야기입니다. 그들이 있어야 될 곳, 하나님이 원하시는 곳, 그 자리를 떠났기 때문이라고 하는 것입니다. 우리는 다음과 같은 일을 상상할 수 있습니다. 그들이 예루살렘에 있으면 핍박과 목숨에 위협이 있기에 자기 고향에 선교하기 위해 갔을 수 있다고 말입니다.

그런데 저 역시 열방을 향한 선교를 강조하고 실천하고자 부단히 노력하고 있지만, 정말 말씀드리고 싶은 것은, 선교는 그 땅에 가서 그냥 사는 것만이 선교의 모든 것이 아닙니다. 물론 그것도 선교를 포함하고 있지만, 선교의 궁극적인 핵심은 '영혼'입니다. 그 영혼을 살리고 세울 수 없다면, 무엇으로 선교적인 일에 열매가 맺힐 수 있겠습니까? 선교하는 데 있어서 급박한 열매를 강조하는 것이 잘못된 것임은 자명한 일이지만, 시간이 흘러도 변화가 없다면 무엇이 문제인지 점검해 보아야 할 것이 아니겠습니까?

선교지에 가서 학원을 짓고 병원을 짓고 많은 복지 시설을 세우는 일은 예수 믿는 사람이 아니더라도 할 수 있습니다. 그러나 우리가 선교지에 가서 그 땅에 있는 사람들과 하나가 되어 친숙해지고 많은 도움을 주는 것은 그들에게 복지적인 삶을 누리게 하기 위함이 아니라, 영혼 구원과 하나님의 나라가 그 땅에 임하게 되기를 원하는 마음 때문이 아니겠습니까? 그렇기에 만일 본문의 제자들이 선교를 위해 엠마오로 내려갔다라고 한다면 더더군다나 말이 안 된다는 것입니다. 선교라고 하는 것은 하나님이 부르신 자리, 하나님이 명하시는 자리, 바로 그 자리에서부터 시작하는 것입니다. 그런데 이 두 제자는 지금 엠마오로 내려가고 있습니다. 설령 그것이 선교를 위해서였다라고 할지라도 그것은 잘못 된 것입니다. 그렇기에 두 제자는 예수님의 죽음 때문에 복음을 떠나게 되었다고 말하는 것입니다.

2. 엠마오로 가는 제자들의 모습 – 복음을 떠나는 제자들의 모습

복음을 떠나가는 제자들의 모습은 어떠했을까요? 생각해 보십시오! 예수가 죽었어요. 더 이상 예수 곁에 머물 필요가 없습니다. 예수님은 예루살렘에서 복음을 전하기 원했지만, 제자들은 더 이상 예루살렘에 있어서는 안 될 것 같아 엠마오로 내려가야겠다고 결단했습니다. 그렇다면 그 결단대로 가는 길은 망설임이 없어야 하고 후회가 없어야 하지 않을까요? 그러나 성경은 복음을 떠나서 내려가고 있는 제자들의 상태를 명확하게 지적하고 있는데, 그것은 16절 '그들의 눈이 가리어지고' 17절 '슬픈 빛이 있었다'라고 기록하고 있습니다.

1) 눈이 가리어지고(16절), 슬픈 마음이 있음(17절)

이것은 복음을 떠나서 내려가는 사람들의 마음 상태입니다. 여러분 기억하십시오. 복음이 있는 곳에는 기쁨이 있습니다. 항상 복음이 전해지고 나서 최종적인 결론은 그 성에 기쁨이 있고, 그 사람 안에 기쁨이 있다는 것이 성경의 결론입니다. 그러나 엠마오로 내려가는 제자들은 예수에 관한 이야기를 하고 관심을 지닌 채 내려가고 있지만, 자신들이 가는 길에 기쁨이 없었습니다. 소망과 평안이 없었습니다. 이것은 복음대로 살아가는 것이 아니라고 하는 것을 반증해 주는 것입니다. 제자들은 '슬픔의 빛을 띠었다'라고 성경이 말하고 있습니다. 왜 슬펐을까요? 인간적으로 예수의 죽음만을 생각하니까 슬펐던 거예요. 자신이 믿었던 예수, 말씀의 힘과 권세가 있었던 예수, 우리의 메시야가 되어주기를 그렇게 원했던 예수, 그러나 그의 죽음만 목도했기 때문에 슬픔이 있었던 것입니다.

저는 여러 사람들을 훈련시켜왔습니다. 그러면서 그 사람들을 통하여 복음이라는 단어를 많이 듣습니다. 그러나 사람들이 복음이라는 단어를 말한다고 해서 다 복음을 경험한 사람이 아니라는 것을 깨달았습니다. 기독교의 핵심은 복음이고 그 복음의 내용은 예수 그리스도의 십자가이기에, 예수를 믿는 사람이라면 십자가를 말하고 복음을 이야기하지만, 정말 복음을 경험한 사람들은 그 안에 기쁨이 있다는 것입니다. 평안이 있다는 것입니다. 돈이 없어도 관계가 깨어져도 자신이 원하는 것을 얻지 못해도 그 안에 복음에 핵심 되신 예수 그리스도가 좌정하셔서 이끌어 가시기에 그 안에 기쁨과 소망 있다는 것입니다. 엠마오로 가는 제자들, 복음을 떠나가는 제자들은 그들의 지식에는 예수가 있었고, 그들의 관심에는 예수가 있었지만, 눈이 가리어져서 예수님도 알아보지 못하고 슬픔으로 가득 차 있었던 사람들이었습니다.

본문 18-28절이 그것을 말해주고 있습니다. 즉, 본문의 제자들은 예수에 관한 지식은 있으나 경험이 없기에 예수의 죽음까지 만을 생각하는 사람들이었다는 것을 가르쳐주고 있습니다. 이 제자들도 예수를 그토록 따라다녔기에 예수가 어떤 일을 하셨고 어떤 말씀을 하셨고 어떤 능력을 드러내셨는지 너무나 명확하게 보고 알았던 사람들이었습니다. 그러나 엠마오로 가는 제자들은 예수께서 옆으로 지나가시고 같이 걸어가시는데도 예수인 줄을 알아보지 못했기에, 그냥 예수에 관한 일들을 그 예수님께 다 이야기 했던 것입니다.

2) 지식은 있으나 경험이 없고 예수의 죽음까지만 생각함(18-24절)
여기서 우리가 하나 깨달아야 하는 것이 있습니다. 예수님에 관한 지식이 우리로 하여금 복음 앞에 온전하게 서게 하는 것이 아닙니다. 그 지식은 경험되어야만 합니다. 지식만을 가지고는 우리의 삶이 바뀔 수 없다는 것입니다. 이들은 지식이 없어서 예루살렘을 떠난 것이 아니었습니다. 지식은 있었습니다. 그러나 그 예수를 온전하게 경험하지 못했기에, 부활을 경험하지 못했기에, 복음을 온전하게 마음속에 담아 두지 못했기에, 그들은 엠마오로 갈 수밖에 없었습니다. 예수님께서 죽으시고 부활 하실 것을 제자들에게 들려 주셨을 때, 그 지식이 믿음으로 연결 되어졌다고 한다면 그들은 예루살렘을 떠나지 않았을 것입니다. 그 지식이 믿음으로 연결되지 못했기 때문에 그들은 예루살렘을 떠나 엠마오로 내려갈 수밖에 없었다고 하는 것입니다.

저는 오늘날 많은 그리스도인들이 이렇게 살아가는 모습들을 봅니다. 예수님에 관한 지식이 많이 있고, 예수님이 하신 일들도 많이 경험했지만 그 작은 경험들이 그분에 대한 신뢰와 믿음으로 연결되지 못하여 주님이 원하시는 그 자리를 지키지 못하고 떠나버리는 사람들이 많습니다. 그 자리를 떠나면서도 마치 자신이 복음을 아는 것처럼 말하기도 합니다. 예수님의 마음이 얼마나 아프실까요? 그런데 참 놀라운 것은, 예수님은 그렇게 겉멋만 들어 지식만 가지고 예수님이 원하는 복음의 자리를 떠나 세속적인 도시로 내려가는 그들을 포기하지 않으셨다는 것입니다. 예수님은 그들을 직접 찾아가 주셨습니다. 이것이 예수님의 마음입니다. 왜 그렇습니까? 예수님은 세상에 있는 모든 사람들을 다 사랑하십니다.

요한복음 3장 16절을 보면 "하나님이 세상을 이처럼 사랑하사"라고 나와 있습니다. 이때 '세상'은 '이 세상에 있는 사람들'입니다. 그러나 성경에 보니 세상에 있는 사람도 사랑하시지만 더 사랑하시고 포기할 수 없는 사람들이 있습니다. 그들이 누구냐면 예수님에 대한 지식이 있는 자들, 예수님에 대한 경험이 있는 자들, 그러나 한계가 있어서 고집이 있어서 영적인 눈을 뜨지 못해서 주님이 원하시는 길을 제대로 가지 못하는 자들입니다. 물론 인간적인 생각으로는 '너희들 어떻게 그렇게 할 수 있느냐?'고 하면서 내쳐버리고 싶을 수 있지만 예수님은 그렇게 하시지 않고 그들을 찾아가셨습니다. 만나주셨습니다. 왜냐하면 그 고집이 꺾어지고 그 연약한 부분이 다듬어지면, 또한 순종하지 못하는 그 부분들을 순종하게 된다면 주의 나라를 위해 헌신적으로 일할 수 있는 사람들이기 때문에 그렇습니다.

이 글을 읽고 있는 여러분에게 부탁드리고 싶습니다. 우리 자신이 한 때는 예수를 경험하고 예수의 십자가 때문에 기뻐하고 눈물을 흘리며 정말 세상을 다 얻은 것처럼 '주 예수보다 더 귀한 분은 없다'라고 고백하면서 신앙생활 했던 적이 있지 않습니까? 그런데 지금 나를 돌아보십시오. 나는 지금 그 복음 앞에 온전하게 서 있는 사람입니까? 주님이 원하시는 자리에서 내가 경험한 예수, 내가 경험한 복음 의 능력, 그 생명을 내 입을 열어서 전하고 영향력을 끼치고 있는 자리에 서 있습니까? 만약에 그렇지 못하다면 나 역시 복음을 떠나있는 자일 수 있다고 생각하십시오. 내 몸과 나의 모든 시간은 주님 앞에 내어 드렸다고 할지라도 복음을 떠나 있을 수 있다고 하는 것입니다.

그러나 실망하지 마십시오. 주님은 이 세상을 사랑하지만, 더 사랑하고 포기할 수 없는 사람들이 우리들입니다. 주님을 경험했던 우리들입니다. 훈련을 받았던 우리들입니다. 단지 내 고집 때문에 내 한계 때문에 믿음의 연약함 때문에 주님이 원하는 자리에 서있지 못하고 엠마오로 내려가는 우리들입니다. 그래서 예수님은 그 자리까지 찾아와 주시고 회복시키기를 원하시고 계신 것입니다.

3. 엠마오로 가는 제자들을 만나주시는 예수님 – 다시 복음 앞에!

예수님은 그 제자들을 찾아가셨습니다. 그리고 예수님이 하신 일은, 먼저 영적으로 자각하게 해 주셨습니다. 25절에 보면 "미련하고 선지자들이 말한 모든 것을 마음에 더디 믿는 자들이여"라고 기록되어 있습니다. 예수님은 그 제자들에게 나타나셔서 가장 먼저 이 말씀을 하신 것이 있습니다. "왜 이렇게 미련하니?"라고 하는 것입니다. "왜 이렇게 더디 믿느냐?" 라고 하는 것입니다. 그런데 이것은 복음을 떠나 있는 자들의 특징입니다. 이것은 욕이 아니라 영적인 깨우침입니다. 주님만이 우리에게 해 주실 수 있는 말입니다.

예수님이 원하시는 것은 영적으로 깨어있기를 원하시는 것입니다. 예수님이 원하시는 자리에 내가 온전하게 서기를 원하시는 것, 뜻하신 자리에서 주님이 원하시는 대로 주님의 입술과 손이 되어 주님의 일을 감당하기를 원하시는 것이 주님의 마음이었습니다. 그러나 본문의 제자들은 그렇게 예수를 따라 다녔지만 예수님이 뜻하신 자리를 저버리고 엠마오로 내려가고 있었습니다.

자신들은 나름대로 영적으로 예민한 것처럼 생각할 수도 있습니다. 나름대로 영적으로 밝은 것처럼 생각할 수도 있어요. 그러나 우리가 주님이 원하시는 그 자리에서 주님이 원하시는 일들을 행하지 못할 때에 우리는 언제든지 본문의 제자들처럼 예루살렘을 떠나 엠마오로 내려갈 수 있는 자들임을 알아야 합니다. 그때 예수께서 우리에게 찾아오셔서 우리의 영적인 상태를 자각케 하시고 영적인 깨우침을 주십니다. 사랑하기 때문입니다. 그렇기에 예수님의 목적은 제자들을 나무라고 꾸짖는데 있지 않습니다. 자각케 하고 깨우쳐 주는데 있습니다. 영적으로 자각을 해야 깨어날 수 있었기 때문에 그렇습니다. 그래서 '미련한 자들이여', '더디 믿는 자들이여'라고 말씀해 주시면서 영적인 자각을 할 수 있도록 만들어 주신 것입니다.

여러분, 가장 힘든 사람이 어떤 사람인줄 아십니까? 아무리 이야기를 해도 자기는 부족한 것이 없고 모든 훈련을 많이 받았으며 연륜과 지각이 있다고 하는 사람입니다. 그렇다면 그 사람의 삶과 말을 통해 많은 사람들에게 영적인 영향력을 흘려보내고 있는지 살펴보십시오. 진실로 훈련되고 영적으로 갖추고 있는 사람은 말로만 하지 않습니다. 삶으로, 행동으로, 말로 영적인 영향력을 흘려 보냅니다. 그래서 사람들을 변화시켜 가지요. 그런데 다 갖추고 있다고 하면서도, 많은 것을 알고 있는 것 같으면서도 사람들과 지도자에게 인정받지 못하고, 영적인 영향력을 흘려 내보내지 못하는 사람들은 예수님으로부터 진정한 영적인 자각과 깨우침이 필요한 사람입니다.

1) 영적인 자각을 주시고 성경에 기록된 복음을 풀어주심(25-27절)

예수님은 영적인 눈이 어두워져 있는 제자들의 눈을 떠주시기 위해 하신 방법이 있습니다. 첫째, 하나님의 말씀으로 그들을 깨우쳐 주셨습니다. 성경 본문에 "이에 모세와 모든 선지자의 글로 시작하여 모든 성경에 쓴 바 자기에 관한 것을 자세히 설명하시니라"라고 기록되어 있습니다. 여기에서 모세의 글과 선지자의 글은 그 당시 구약 성경을 지칭하는 말입니다.

그 당시 성경인 구약 말씀은 오늘날처럼 구약 성경을 나누듯이, 다섯 등분이나 여섯 등분으로 나누지 않고 모세의 글, 선지자의 글 이렇게 두 부분으로 크게 나누었습니다. 그 당시 신약은 없었습니다. 그러므로 이 본문을 통해 볼 때, 예수님이 복음을 떠나가는 제자들을 복음 앞에 설 수 있도록 만들어주신 첫 번째 도구는 하나님의 말씀이었다고 하는 것입니다. 영적으로 무뎌져 있는 자들, 영적으로 넘어져 있는 자들, 영적으로 부흥을 경험하지 못한 자들에게 주님께서 부흥시키시고, 세우시고, 그들을 통해 일하게 하실 때 항상 사용하신 도구는 하나님의 말씀이었습니다. 말씀을 통해서 그들이 일어나고 말씀을 통해서 회복되고 말씀을 통해서 부흥될 수 있도록 만들어 주셨습니다.

다른 어떤 은사를 먼저 사용하지 않으셨습니다. 다른 어떤 능력을 먼저 사용하지 않으셨습니다. 영적으로 무뎌져 있는데 무슨 기도가 되고, 영적으로 무뎌져 있는데 무슨 선교가 되며, 영적으로 무뎌져 있는데 무슨 다른 찬양이 올려질 수 있겠습니까? 지식이 없어서 못 하는 것이 아닙니다. 영적으로 미련하고 더디 믿기 때문에 주님이 원하시는 자리에 있지 못하는 것입니다. 그러한 그들에게 주님이 그들에게 가르쳐 주신 것은 하나님의 말씀을 가지고 풀어주신 것이었습니다.

우리 개신교는 위대한 종교개혁을 통해서 세워졌습니다. 그런데 많은 사람들이 착각하는 것이 있습니다. 종교개혁은 은사 운동이 아니라는 것입니다. 종교개혁은 어떤 은사운동으로 카톨릭에서 떨어져 나온 것이 아닙니다. 루터가 종교개혁을 했을 때 가장 핵심적인 문제는 사제들만 성경을 독점하는 것과 라틴어로만 되어 있는 성경이었습니다. 그래서 루터는 성경을 모든 사람이 읽을 수 있도록 자국어로 번역하고 모든 사람에게 나눠 주었습니다. 그렇기에 종교개혁의 핵심은 하나님의 말씀으로 돌아가는 것이라고 할 수 있습니다. 말씀에 가려져 있던 자들, 말씀을 접하지 못했던 자들이 자국어로 성경이 번역되면서 그 성경을 갖고, 그 성경을 읽기 시작하면서 예수를 만나기 시작했다는 것입니다.

여러분! 그렇습니다. 오늘 예수님께서도 영적으로 무디어져있고 영적으로 더디 믿는 이 제자들! 그래서 복음을 떠나 내려가고 있었던 제자들을 깨우치시는데 사용하신 방법도 하나님의 말씀이었다는 것입니다. 다시 복음 앞에 서기를 원하십니까? 말씀으로 돌아가십시오. 그 말씀을 읽으십시오. 묵상 하십시오. 그 말씀을 가지고 씨름 하십시오. 하나님이 다시 여러분을 세우실 것입니다. 여타의 은사와 기도와, 다른 찬양을 통해 일어나는 것이 아닙니다. 항상 먼저 가는 것은 하나님의 말씀입니다.

2) 제자들을 위해서 기도해 주신 예수님(30절)

둘째로, 예수님이 영적으로 무뎌져있는 자들, 복음을 떠나 있는 그들을 '다시 복음 앞에' 세우신 도구가 있습니다. 그것은 기도였습니다. 30절에 보니까 "그들과 함께 음식 잡수실 때에 떡을 가지사 축사하시고 떼어 그들에게 주시니 그들의 눈이 밝아졌다"라고 기록되어 있습니다. 예수님은 말씀만 그들에게 풀어 주신 것이 아니었습니다. 기도해주셨습니다. 기도할 때 역사가 일어났습니다. 예수님의 기도는 말씀에 기초한 기도였습니다. 말씀을 떠난 기도가 아니라는 것입니다. 이것이 영적인 균형입니다. 저는 이 영적으로 균형 잡힌 자들을 한국교회에서 지속적으로 배출될 수 있기를 원합니다. 하나님의 말씀과 기도에 무장된 사람들 말입니다.

예수님께서도 그 복음을 떠나 엠마오로 내려가고 있었던 제자들에게 예수님께서 다시 그들을 회복시켜 예루살렘으로 돌아오게 만드셨던 가장 중요한 핵심은 그의 살아나심만을 보여 주신 것이 아닙니다. 여러분! 주님이 왜 그러셨을까요? 만약 예수님이 제자들을 만난 자리에서 영적인 눈을 뜨게 하여 '내가 살아났어! 나야'라고 얘기했을 때 감동해서 올라갈 수 있었겠죠! 그러나 한 번의 인간적인 감동은 사람으로 하여금 죽을 때까지 헌신하도록 만들지 못합니다. 얼마동안까지 밖에 못 간다는 것입니다.

그 사람을 끝까지 붙들어 매고 복음에 헌신할 수 있도록 만들어 주는 것은 하나님의 말씀입니다. 그래서 예수께서 모세의 글과 선지자의 글 구약의 성경을 직접 풀어주시면서 제자들에게 말씀해 주신 것입니다. '애들아, 너희들이 믿고 있는 성경이 나를 향해 말하고 있지 않니? 구약의 성경을 봐라. 이사야, 미가, 모든 선지서를 보아라. 그 때 하나님이 약속하신 메시야는 너희들이 생각하는 경제적인 메시야도, 정치적인 메시야도 아닌 고난의 종이다. 십자가에 못 박힐 수밖에 없는 종이고 초라한 종이지만 다시 부활하여 일으켜 세워짐으로 이 땅에 생명을 주는 하나님의 종이다.'

3) 떡을 떼어 주심(30절)

셋째로 예수님은 떡을 떼어 주셨습니다. 이 떡은 예수님의 몸을 의미합니다. 예수님은 이미 십자가에서 죽기 전에 최후의 만찬을 통하여 자신의 죽음의 의미를 가르쳐 주셨습니다. 이 떡을 먹고 잔을 마셔야 예수님이 하실 일을 알 수 있고 그 일에 동참하며 기릴 수 있다는 것입니다. 그런데 본문을 보니, 부활하신 예수께서 떡을 떼어 그들에게 주서서 그들이 그 떡을 먹자 눈이 밝아졌습니다. 이 떡은 예수님의 몸에 동참하는, 즉 그 부활하신 몸을 경험하는 도구였습니다. 그러므로 이 제자들은 부활하신 예수께서 주신 떡을 먹음으로 예수님의 부활하신 몸을 경험했다고 볼 수 있습니다. 그제서야 그들의 눈이 떠진 것입니다.

요한복음 6장을 보더라도, 떡은 예수님의 몸을 상징하는 것으로 생명을 주는 떡, 영생하는 떡이며 하늘의 양식이라고 하였습니다. 그러므로 제자들을 다시 복음 앞에 세운 마지막 도구는 떡을 먹음으로 부활하신 예수를 직접 경험하는 일이었다고 할 수 있습니다. 예수의 부활을 몸소 경험하는 일! 이것이 제자들을 영적인 무지에서 깨우침으로 나올 수 있도록 만들어준 마지막 도구였습니다.

4. 다시 복음을 경험한 제자들 – 완성된 복음을 깨닫게 됨

1) 영적인 눈이 밝아져 예수를 알아보고 느낄 수 있게 됨(31절)

여러분! 예수님이 이상의 세 가지 방법으로 제자들에게 접촉하셨을 때, 그들의 귀가 열리고 눈이 열리고 주님의 말씀을 들으며 회복되기 시작했습니다. 결국 복음 앞에 다시 돌아간다고 하는 것은 찬양만 '다시 복음 앞에'라고 열심히 불러서 되는 일도 아니고, 내가 기도만 열심히 한다고 되는 일도 아니며, 주의 일을 봉사하겠다고 선교만 가겠다고 해서 되는 일도 아니고, 하나님의 말씀과 복음을 다시 들음으로, 그리고 기도와 말씀의 경험으로 그 앞에 서는 것임을 알아야 합니다.

참 놀라운 것이 있습니다. 그것은 복음을 떠난 제자들을 다시 복음 위에 세워놓기 위한 것이 복음이라는 것입니다. 복음 그 자체이신 예수 그리스도, 그러나 예수는 자신을 드러내지 않고 복음의 핵심이 담겨 있는 말씀을 가지고 그들에게 풀어 주셨습니다. 이 복음을 경험한 제자들은 어떻게 되었을까요? 31절에 보면 "영적인 눈이 밝아져서 예수를 알아보고 느낄 수 있게 되었다"라고 했습니다. 여러분! 이미 예수님은 엠마오로 내려가는 제자들에게 눈이 가려지고 미련하고 더디 믿는 자들이라고 말씀해 주셨죠? 그런데 말씀을 듣고 기도를 받은 제자들은 영적 눈이 밝아져서 예수를 알아보고 느낄 수 있게 되었습니다.

이것은 무엇을 의미하는 것일까요? 그것은 내가 있는 자리에서 예수께서 나에게 무엇이라고 말씀하시는지 들을 수 있게 되었고 볼 수 있게 되었다는 것입니다. 결론을 말하자면, 이렇게 깨달은 제자들이 엠마오로 계속 내려갔습니까? 아닙니다! 주님이 원하시는 자리로 다시 올라갔습니다. 결국 복음이 하는 일은 우리의 영적인 무지를 깨우쳐 주는 거예요. 그리고 귀를 열어 주는 것, 눈을 열어주는 거예요. 내가 혹 주님이 원하시는 자리를 떠나 있다 할지라도 그 자리에 나와 함께 하시면서 내 연약함과 고집과 내 무지함을 깨우쳐 주시기를 원하시는 그 주님을 만날 수 있다고 하는 것입니다.

2) 뜨거움의 회복(32절)

이 제자들은 그렇게 예수님을 만났습니다. 32절에 보니 "뜨거움이 회복되었다"라고 기록하고 있습니다. "그들이 서로 말하되 길에서 우리에게 말씀하시고 우리에게 성경을 풀어주실 때에 우리 속에서 마음이 뜨겁지 아니하더냐"라고 기록되어 있습니다.

이 제자들이 눈이 밝아져서 예수를 볼 수 있게 되었다는 것입니다. 이것은 영적인 예민함이 회복되고 마음이 뜨거워지기 시작함을 의미합니다. 결국 주님이 원하시는 자리에 있을 수 있느냐 없느냐 하는 문제는 그 복음이 내 안에서 지속적으로 경험되어서 내 안에 복음에 대한 뜨거운 열정이 있느냐 없느냐의 문제와 관계가 있습니다. 왜 그 자리를 떠납니까? 열정이 식었기 때문입니다. 그 자리에 있어야 되는 줄 알지만 왜 떠납니까? 뜨거움이 식었기 때문입니다. 뜨거움이 식었을 때 지식은 있지만 그 지식이 내 발을 움직이지 못합니다. 그 지식이 내 마음을 움직이지 못합니다. 그 지식이 내 모든 삶을 움직이지 못하는 것이죠. 우리를 움직일 수 있는 것은 지식이 마음속으로 내려와서 체험된 뜨거움으로 바뀔 때입니다. 그래서 예수님께서 그들의 눈을 열어주시고 뜨거움을 회복시켜 주셨습니다.

5. 다시 예루살렘으로! – 사명의 자리로 돌아가는 제자들

결론적으로 이 제자들은 어떻게 되었습니까? 다시 복음 앞에 서게 되었습니다. 저는 이 '다시 복음 앞에'라는 어구가 너무도 가슴 깊게 절절히 와 닿습니다. 이는 바로 주님이 저에게 주시는 말씀입니다. 주님은 이 말씀을 주시면서 저에게 무뎌진 복음의 칼을 예리하게 준비하라고 명령하십니다. '주님 제가 복음 전도자라고 하는데 복음의 칼이 무뎌졌습니다. 주님 다시 한 번 나를 사용하여 주옵소서. 다시 내 안에 복음의 놀라운 능력을 전했을 때 주님께서 역사하셨던 일들을 기억하시고 나를 사용하여 주시옵소서.'

1) 사명의 자리로 돌아감

여러분, 제자들이 예루살렘을 떠나왔는데 다시 그 곳으로 돌아갔습니다. 왜 그렇습니까? 그 곳이 그들이 있어야 될 자리였기 때문입니다. 그곳이 주님이 원하시는 자리였기 때문에 그렇습니다. 그곳이야말로 그들을 통해 복음을 들어야 할 영혼이 있는 자리였고, 그곳이야말로 하나님이 이들을 통해 일하실 자리였기 때문입니다. 그래서 그들은 다시 예루살렘으로 돌아갔습니다. 그리고 35절 마지막 절에 보면 "두 사람도 길에서 된 일과 예수께서 떡을 떼심으로 자기들에게 알려지신 것을 말하더라"라고 기록되어 있습니다. 그 제자들의 입에서 예수를 말하기 시작했던 것입니다.

2) 예수, 복음을 말하기 시작함

여러분, 복음은 예수 그리스도이십니다. 이 복음의 핵심은 예수 그리스도이십니다. 사람들이 말합니다. '나는 복음주의자다. 나는 복음을 경험했다. 나는 복음을 안다.'라고 말입니다. 그러면서 찬양인도를 하고 선교를 말하고 기도를 합니다. 그런데 정말 복음을 깊게 경험한 사람은 항상 그 입에서 예수가 나옵니다. 그것이 경험 아닙니까? 예수를 경험했다고 하는데 그 입에서 예수가 나오지 않으면 어떻게 예수를 경험했다고 말할 수 있겠습니까? 이들의 입에서 드디어 예수가 나오기 시작합니다. 기도, 찬양, 선교 다 중요합니다만 입에서 나와야 될 말이 예수 그리스도 입니다. 이 예수 그리스도에 대한 말이 나오지 않으면 복음의 깊이가 없다고 말할 수 있습니다. 찬양을 인도하고, 기도를 하며, 또 설교와 선교를 한다고 할지라도 그 중심이 예수그리스도! 그 예수 그리스도가 중심이 되어서 내 입에서 내 삶에서 지속적으로 풍겨야 '다시 복음 앞에' 선자라고 말할 수 있는 것입니다.

선교지를 한번 가보십시오. 많은 선교사님들이 '선교'를 이야기는 하지만, 지속적으로 예수 그리스도를 이야기하고 영혼을 품고 우는 경우는 많지 않은 것 같습니다. 여러분, 선교에 있어 여러 가지 일들이 필요하긴 하지만 선교의 핵심은 영혼 구원이고 영혼 구원을 통해서 하나님의 나라를 일구어 가는 것 아닙니까? 우리나라에서 선교를 훈련시키는 여러 단체의 온라인 홈페이지를 들어가 보아도 전도 훈련시키는 곳은 많지 않은 것을 보고 참 실망한 적이 있습니다.

제가 한번은 우리나라에서 크기로 제일가는 한 교회에서 11주 동안 선교사님들을 만나 전도훈련을 했던 적이 있습니다. 그때 저는 선교사님들에게 지속적으로 이야기 했습니다. "여러분! 선교지에 가서 무엇을 하실 겁니까? 선교지에 가서 여러분의 입을 통해 예수가 나와야 하지 않겠습니까? 처음부터 예수 하면 반감을 사니까 그 속에서 문화가 하나가 되고, 언어가 하나가 되고, 삶이 하나가 되는 노력은 분명히 해야 하지만, 그 노력을 하면서도 계속 예수! 예수! 그 예수를 말하고 그 예수가 중심이 되어야 하지 않겠습니까? 그래서 주님이 붙이시는 영혼을 붙잡고 예수를 전하고 그 영혼이 살아나야 되지 않겠습니까?" 제가 그렇게 이야기하고 11주까지 전도훈련을 시켰더니 그 선교사님들 모두가 이렇게 고백하더라구요. "목사님, 저는 이제껏 전도훈련을 한 번도 받지 못했는데 이 영혼을 살리는 복음 전도가 얼마나 중요한 것인지, 영혼을 살리는 예수의 이야기가 선교에 있어서 얼마나 핵심이 되는지 너무나 깊게 깨달아 알았습니다"는 것입니다.

여러분, 제 자랑하려는 것이 아닙니다. 예수를 말해야 합니다. 이 제자들이 다시 복음 앞에 서게 되자 그들의 입에서 나오는 모든 말들은 예수였습니다. '예수께서 나를 만나 주셨어! 예수께서 성경을 풀어 주셨어! 예수께서 뜨거움을 회복시켜 주셨고, 예수께서 눈을 열어 주셨고, 예수께서 우리에게 축사를 해주셨어! 예수! 예수! 예수!' 그 예수가 다시 우리의 모든 것이 될 수 있기를 원합니다. 우리의 입과 우리의 행동, 그리고 우리의 모든 영역에서 예수만을 전할 수 있기를 소원합니다.

마무리

여러분! '다시 복음 앞에' 우리를 세웁시다. 그것은 십자가 앞에 서는 것을 의미 합니다. 내가 있어야 할 자리에, 하나님이 명하신 자리에 서는 것을 의미합니다. 하나님이 뜻하신 자리에서 위험과 핍박이 있고 목숨에 위태로움이 있다고 할지라도 하나님이 그 자리에서 복음 전하길 원하고 그 자리에서 예수를 경험한 것들을 말하길 원하신다고 한다면 그 자리를 떠나지 않는 것입니다. 그러나 혹 떠났다 할지라도 다시 하나님의 말씀과 기도로, 그리고 복음의 경험으로 그 자리로 돌아와야 합니다. 이것을 위해 주님 앞에 기도하며 나갈 수 있기를 원합니다.

마무리를 위해서 다시 생각하고 토의할 문제들

1. 제자들은 왜 예루살렘을 떠나 엠마오로 내려가게 되었을까요?

2. 예루살렘은 어떠한 곳이며 엠마오는 어떠한 곳인지 비교하여 설명해 보세요.

3. 엠마오로 내려가는 제자들의 모습이 어떠한지 말해보세요.

4. 예수님은 엠마오로 내려가는 제자들을 어떻게 회복시켜 주셨습니까? 무엇이 사람을 회복시키는 주된 도구라고 생각하십니까?

5. 제자들이 다시 회복되었다는 것을 알 수 있는 징표를 말해보세요.

6. 회복된 제자들은 자신들이 가던 방향을 어디로 돌이켰습니까? 그 이유는 무엇입니까?

7. 제자들의 입에서 예수, 복음의 이야기가 선포되어지기 시작한 이유를 말해 보세요.

Chapter 04. 다시 복음 앞에!
- 도마 이야기

주제를 풀어갈 성경본문
　요한복음 20장 24~29절

주제를 풀어갈 글의 개요

　[들어가면서]
　본문의 정황과 배경

　[본론]
　1. 도마에 대하여
　　1) 우울질을 가지고 있었던 용감한 비관주의자 도마(요 11:16)
　　2) 정직한 의심자 도마(요 14:5)

　2. 제자들과 함께 있지 못했던 도마(요 20:24)
　　1) 패배주의, 비관주의에 빠져있었던 도마
　　2) 교제의 장에서 빠지는 것은 중요한 것을 놓칠 수 있습니다.

　3. 예수님께 정직한 의심을 표현한 도마(요 20:25)
　　1) 정직한 의심은 복음을 경험하는 기초와 도구가 됩니다.
　　2) 믿음의 반대는 의심이 아니라 무관심입니다.

　4. 갈보리 흔적으로 다시 복음 앞에 세우시는 예수님(20:26-27)
　　1) 예수님께 한 영혼은 천하보다도 귀합니다
　　2) 도마의 눈높이에 맞추어서 갈보리의 흔적을 확인시키심

　5. 신앙의 고백을 이끌어내는 갈보리의 흔적(20:28-29)
　　1) 갈보리의 흔적은 최고의 신앙고백을 하게 만들었습니다.
　　2) 보지 않고 믿는 자는 더 복되도다.

　[마무리] – 요약과 적용

RETURN TO THE GOSPEL

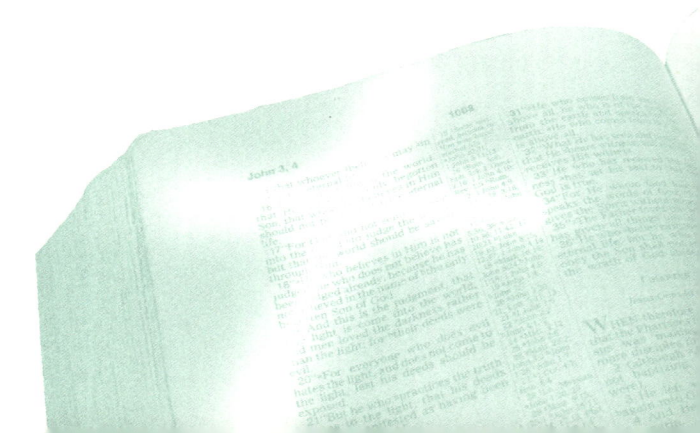

| 들어가면서 |

　예수님의 부활하신 이후의 행적을 살펴보면, 그 예수님 앞에 다시 세워져서 회복을 경험한 여러 사람을 찾아볼 수 있습니다. 오늘은 그 중에서 갈보리의 흔적으로 말미암아 온전하게 다시 세워진 도마에 대해서 같이 나누려고 합니다.
　우리가 이미 알고 있다시피 예수님의 제자는 12명입니다. 그런데 12명의 제자들은 각각 다른 기질들을 가지고 있습니다. 그리고 각각 다른 특성들을 가지고 있습니다. 예수님께서는 그렇게 각기 다른 특성과 기질들을 가지고 있는 제자들을 3년 동안 데리고 다니시면서 훈련을 시키셨고, 급기야는 십자가에 돌아가시고 부활하심으로 말미암아 그리스도의 복음 앞에 하나가 되게 만들어 주셨습니다.

　제자들을 자세히 살펴보면 위로가 됩니다. 왜냐하면 나와 같은 기질을 가지고 있는 제자들이 있기 때문입니다. 그 제자들도 처음부터 훌륭했던 것이 아닙니다. 3년을 따라 다녔어도 하나님이 원하시는 사람이 되지 못했습니다. 그러나 부활하신 예수님을 만나고 나서 제자들이 온전해져 가는 모습들을 보게 됩니다. 때로는 제자들의 이런 모습을 보면서 위로 받기도 하지만, 한편으로는 내가 가야 될 목표를 다시 설정하고 달려가게 되기도 합니다.

1. 도마에 대하여

도마는 예수님의 12제자 가운데 한 사람으로 성경에는 도마가 어떻게 예수님의 제자가 되었는지에 대한 기록이 없습니다. 그래서 어떻게 예수님의 제자가 되었는지에 대한 추측은 불가능합니다. 그런데 감사하게도 요한복음에는 유독 도마에 대한 말씀이 세 번 나옵니다. 첫 번째는 요한복음 11장, 두 번째는 14장, 마지막은 20장에 나옵니다. 우리는 이 본문들을 통해서 도마가 어떤 사람인지 조금 유추해 볼 수 있습니다. 그런데 도마를 알려고 할 때에, 도마가 가지고 있던 기질을 이해하면 도마라는 사람은 더 잘 이해됩니다.

1) 우울질을 가지고 있었던 용감한 비관주의자 도마(요 11:16)
어떤 한 신학자가 12명의 제자들의 기질을 분석해 놓은 책을 보고 흥미를 갖게 되었습니다. 너무 반가웠습니다. 왜냐하면 목회를 하다 보니 성도들이 각자 기질이 다 다른데, 그 다른 기질을 가지고 계신 분들이 하나님의 사람으로 세워지는데 어떻게 도움을 드릴까 많이 연구도 하고 기도도 했었기 때문입니다.

도마는 우울질의 사람이라고 합니다. 우울질을 가지고 있는 사람들은 분석적이고 매사에 완벽주의적인 경향이 있고 예술가적인 자질이 있다고 합니다. 그리고 이 기질을 가지고 있는 사람은 희생적이고 신뢰할 만한 사람으로, 친구를 많이 사귀지는 않지만 한번 사귄 친구는 목숨을 바칠 정도로 충실한 관계를 갖는다고 합니다. 반면에 좀 비관주의적인 성격이 있어서 침체나 우울증에 잘 빠지고 사물의 어두운 면인 장애

나 위험한 요소를 유독 잘 본다는 것입니다. 다른 사람들이 가자고 하면 그냥 가면 되는데, 우울질의 사람은 '그건 나빠!'라고 지적하는 사람이죠. 그래서 새로운 변화를 주저하는 경향이 있는 사람이 바로 우울질을 가지고 있는 사람이기도 합니다. 도마가 이런 우울질의 기질을 가지고 있었다는 것입니다.

성경을 보니 역시 그렇더라고요. 요한복음 11장 14-16절에 "이에 예수께서 밝히 이르시되 나사로가 죽었느니라 내가 거기 있지 아니한 것을 너희를 위하여 기뻐하노니 이는 너희로 믿게 하려 함이라 그러나 그에게로 가자 하시니, 디두모라고도 하는 도마가 다른 제자들에게 말하되 우리도 주와 함께 죽으러 가자 하니라"는 구절이 나오는데, 도마가 성경에 처음으로 언급 되어 있는 구절입니다.

이 문맥의 상황은 다음과 같습니다. 예수님이 예루살렘에 계실 때, 유대인들 중 일부가 자꾸 핍박을 하고 돌을 들어 죽이려고 해서 잠시 예루살렘 밖에 나와 계셨습니다. 그런데 어떤 소식이 들리는가 하면, 예루살렘에서 불과 2마일도 떨어져있지 않은 베다니라고 하는 마을에 예수님과 친구처럼 지냈던 나사로가 죽었다고 하는 겁니다. 그 소식을 듣자 예수님은 제자들에게 '내가 거기에 있을 때 나사로가 죽지 않은 것이 잘 된 일이다. 우리가 그리로 가자. 너희로 믿음이 성장하게 되는 계기가 될 것이다'라고 말씀해 주셨습니다. 이 말씀은 예수님이 베다니로 가서 나사로를 살리시고, 그 일을 보면 제자들의 믿음이 한층 더 커질 것을 인해 기뻐하시면서 하신 말씀입니다. 그리고 "가자"라고 하시는데 제자들은 어느 누구도 갈 엄두를 못내는 것입니다. 그 이유가 8절을 보니 "제자들이 말하되 랍비여 방금도 유대인들이 돌로 치려 하였는데 또 그리로 가시려 하나이까"라는 것입니다. 그리로 가면 죽을 것 같으니까 아무도 따라 나설 엄두를 내지 못하는데 예수님은 가자고 하시는 것입니다.

그런데 우울질을 가지고 있는 도마는 분석력이 빠릅니다. 도마는 예수님이 한 번 가자고 하셨을 때 그 말씀을 철회할 분이 아니라는 것과, 그러나 그곳으로 가게 되면 유대인들이 돌을 들어 쳐서 죽일 수 있다고 생각했습니다. 어차피 그곳에 가면 죽게 되어 있다는 것을 알고 있기에 인간이 할 수 있는 최대의 분석력을 발휘해서, 우리가 배도 버려두고 그물도 버려두고 예수님을 따라왔는데 끝까지, 죽는 데까지 따라가야지 예수님을 혼자 가게 둘 수는 없다고 분석해서 나온 결과가 '우리도 주와 같이 죽으러 가자'는 것이었습니다.

도마의 이 결론은 절대적으로 신앙적인 말이 아닙니다. 문맥을 보더라도 예수님은 그리로 가서 제자들의 믿음이 성장할 것을 기대하고 가자고 말씀하시는데, 도마는 분위기를 파악하지 못하고 자신의 기질인 분석력을 동원해서 '우리가 주를 위해 죽으러 갑시다'라고 한 것입니다. 말이 안 됩니다. 예수님은 살리러 가자고 하시는데, 도마는 죽으러 가자는 것입니다. 도마는 이러한 사람이었습니다. 그래도 다른 제자들보다 좀 나아요. 다른 제자들은 갈 것인지 말 것인지 고민하면서 '가지 않았으면' 하는 마음이 있었는데, 분석력이 빠른 도마는 자신도 가기 싫었지만 이런 상황이라면 끝까지 쫓아가야할 것 같고 예수님을 혼자 가게 내버려 둘 수도 없기에 이왕 예수님을 쫓는 거 같이 죽으러 가자고 하는 것입니다. '주와 같이 죽으러가자!'고 하는 도마의 말은 도마의 기질을 그대로 대변

한 말이었습니다.

2) 정직한 의심자 도마(요 14:5)

두 번째로 도마에 대해 나온 부분은 요한복음 14장 1~5절에 "너희는 근심하지 말라 하나님을 믿으니 또 나를 믿으라 내 아버지 집에 거할 곳이 많도다 그렇지 않으면 너희에게 일렀으리라 내가 너희를 위하여 거처를 예비하러 가노니 가서 너희를 위하여 거처를 예비하면 내가 다시 와서 너희를 내게로 영접하여 나 있는 곳에 너희도 있게 하리라 내가 어디로 가는지 그 길을 너희가 아느니라 도마가 이르되 주여 주께서 어디로 가시는지 우리가 알지 못하거늘 그 길을 어찌 알겠사옵나이까"라는 말씀입니다.

요한복음 14~16장은 예수님의 '고별연설장'이라고 이야기합니다. 즉, 예수님이 십자가에 죽기 전에 제자들을 모아 놓고 마지막으로 연설하신 말씀이라고 하는 것입니다. 그런데 제자들을 모아 놓고 갑자기 이상한 말씀을 하십니다. "마음에 근심하지 말라!" 예수님께서는 근심하지 말라고 하시는데 우울질의 기질을 가지고 있는 도마는 근심이라는 소리만 들어도 '도대체 뭘 얘기하려고 하는 거지?'하고 여러 가지 생각이 드는 거죠. "하늘 아버지 집에 너희의 거할 곳이 많도다." 예수님은 그들을 안정시키고 믿음의 확신을 주시기 위해 말씀하시는데, 이 분석력이 빠른 도마는 머리부터 돌아갑니다. '예수님이 지금 우리를 떠난다는 거 아닌가? 예수님이 지금 갔다가 다시 온다는 거 아닌가? 그러면 우리는 어떻게 하고 있으라고?' 생각이 복잡해지기 시작합니다.

그런데 예수님은 "내가 가는 길을 너희가 아느니라"고 말씀하십니다. 예수님이 이렇게 말씀하셨던 이유는 3년 동안 제자들을 데리고 다니시면서 예수님이 어떤 길을 가실지, 어떻게 다시 부활하실지, 그리고 제자들이 해야 될 일이 무엇인지를 다 말씀하셨기 때문에 예수님이 가는 길을 제자들이 안다고 말씀하신 것이지요. 그런데 도마는 어슴푸레 알기는 알겠는데 분명하게는 모르겠어요. 그래서 말합니다. '우리는 예수님의 가는 길을 모릅니다!' 저는 이것이 나쁘다고 말하고 싶지 않습니다. 왜냐하면 도마는 자기 마음속에 있는 의심을 예수님께 표현할 수 있었던 사람이었기 때문입니다. 그냥 은근슬쩍 넘어가는 사람이 아니었습니다. 집회를 하면서 성령이 역사하시는 분위기니까 '할렐루야! 아멘!'하면서 묻어가는 사람들이 있습니다. 그러한 사람들은 집회가 끝나고 나면 자기가 무엇을 했는지 모릅니다.

여러분! 도마는 그렇게 묻어가지 않았습니다. 많은 제자들이 잠잠해하고 있는 그 상황 속에서, 숙연한 그 상황 속에서 예수님이 '너희가 길을 안다'고 하셨을 때 '우리가 알고 있나? 알고 있지. 아멘' 그렇게 하지 않았다고 하는 것입니다. '주님! 우리는 주님이 가는 길을 모릅니다. 가르쳐주십시오.' 도마는 정확하게 물었던 것입니다. 그 때 예수님께서 아주 유명한 말씀을 해 주십니다.

6절에 "예수께서 이르시되 내가 곧 길이요 진리요 생명이니 나로 말미암지 않고는 아버지께로 올 자가 없느니라" 이 놀라운 생명의 말씀이 어디에서 나왔느냐 하면 도마의 질문을 통해서 나온 것입니다. 때로는 우리가 정확하게 하나님 앞에 물어볼 수 있는 자들이 되었으면 좋겠습니다. 그냥 묻어가는 것은 우리의 신앙의 성장에 결코 도움이 되지 않습니다.

제가 대학 강단에서 학생들을 가르쳐 보면 앞에서 그냥 끄덕 끄덕거리는 사람들이 있습니다. 처음에는 반응해주는 그들이 고맙게 느껴집니다. '아! 잘 듣는가 보다.'라고 생각합니다. 그러나 나중에 뭘 얘기해도 그냥 끄덕 끄덕하는 것을 보면 '도대체 아는 거야? 모르는 거야?'라고 생각하다가 제가 알고 있는지 물어 봅니다. 그러면 대답을 잘 못하는 경우가 있습니다. 이럴 때 제 마음속에 상처가 생깁니다.

또 어떤 학생들은 강단 맨 앞에서 똘망 똘망 잘 듣습니다. 그리고 조금이라도 이해가 가지 않으면 손을 들고 질문하는 학생들도 있습니다. 그 학생들의 질문은 굉장히 예리해서 때로는 수업에 맥을 끊어 놓기는 해도, 답변을 해 주면 그대로 흡수해 버립니다. 그 학생들의 학업 성취도는 그만큼 높습니다. 도마는 그러한 사람이었던 것 같습니다. 조금이라도 예수님에 대해서, 진리에 대해서 확증하고 내가 경험하지 못하면 내가 묻어서 가지는 못하겠다는 것입니다.

2. 제자들과 함께 있지 못했던 도마(요 20:24)

1) 패배주의, 비관주의에 빠져있었던 도마

본문을 보면 이렇게 시작합니다. "열두 제자 중에 하나로서 디두모라 불리는 도마는 예수께서 오셨을 때에 함께 있지 아니한지라" 예수님이 부활한 모습을 처음으로 보여주신 자리에는 도마가 없었습니다. "이

날 곧 안식 후 첫날 저녁때에 제자들이 유대인들을 두려워하여 `모인 곳의 문들을 닫았더니 예수께서 오사 가운데 서서 이르시되 너희에게 평강이 있을지어다" 그래서 부활한 예수님을 못 만났습니다. 그런데 이 상황에서 제가 여러분들에게 한번 물어보겠습니다. 왜 도마는 제자들이 모여 있었던 그곳에 같이 있지 않았을까요? 우리가 여러 가지로 상상해 볼 수 있는데 그 사람의 기질을 알면 그 사람의 행동을 알 수 있습니다. 도마가 가지고 있었던 기질은 우울질이라고 말씀드렸습니다. 진위여부를 가릴 수는 없지만, 많은 학자들이 도마의 행적을 통해 내린 결론이기에 그것을 가지고 유추해 보려고 합니다.

앞에서, 우울질의 특징 중의 하나가 많은 친구를 사귀지는 않지만 한 명의 친구를 사귀었을 때 목숨까지 줄 수 있을 정도의 충실한 관계를 형성한다고 하였습니다. 도마가 배와 그물도 버려두고 예수를 따랐다는 것은 요한복음 11장에서 본 것처럼 '내 목숨을 바쳐서 저 분을 따라가리라'는 기질적인 성향이 도마에게 있었던 것입니다. 그렇기에 도마의 기질을 보았을 때 예수님이 십자가에 죽으시고 난 다음 아마도 자책하는 시간이 있었을 것이라고 생각합니다. '왜 내가 예수님이 십자가에 죽으셨을 때 그 자리에 함께 하지 못했을까? 왜 내가 예수님이 십자가에 죽었을 때 예수님의 방패막이가 되지 못했을까? 왜 모든 제자들이 그 자리를 떠났어야만 했을까? 왜 나도 예수님과 같이 죽지 못했을까? 예수님이 없는 이 땅에서 내가 어떻게 살아갈 수 있을까?'

여러분! 이것이 잘 이해되지 않을지 모르지만 이러한 성향을 갖고 계신 분들은 충분히 이해가 되실 것입니다. 내가 나를 용납하지 못하고,

내가 나를 용서하지 못하는 것입니다. 3년 동안이나 나름대로 분석하고, 예수께 내 모든 것을 다 바치겠다고 결단했는데, 나름대로 최선을 다해 예수를 따랐는데, 힘없이 예수께서 십자가에 못 박혀 돌아가실 때 인간인지라 밀려오는 두려움 때문에 그 자리를 피했었던 것입니다. 그리고 예수께서 그렇게 돌아가셨습니다. 그 후에 제자들이 모인 자리에 가려고 하니 선뜻 자신이 용납이 되지 않는 것입니다. '그 자리에 내가 어떻게 갈 수 있어? 예수께서 죽으실 때 예수를 위해 변호도 하지 못하고, 울어보지도 못한 내가 어떻게 그 자리에 있을 수 있단 말인가?'

이것은 추론입니다. 성경을 깊게 보기 위해서는 행간에 있는 의미를 알아야 되기 때문에 그래서 여러 가지 추론할 수 있지만, 기질에 의해서 추론해 볼 때 도마는 그렇게 많이 울었을 거라고 하는 것입니다. '예수님! 내가 예수님을 부인했습니다. 베드로가 아니라 도망 나온 내가 부인한 자입니다. 내가 모든 것은 분석하고 정확히 판단해서 예수님을 따른다고 했는데 그 죽음의 순간만큼은 예수님을 지키지 못했습니다. 예수님 나를 용서해 주십시오."라고 이 우울질을 가지고 있는 도마는 비관주의에 빠져서 그렇게 혼자 울 수밖에 없었을 것입니다.

2) 교제의 장에서 빠지는 것은 중요한 것을 놓칠 수 있다.

이렇게 볼 때, 제자들이 함께 모이는 장에 도마가 함께 하지 못한 것은 이해할 수 있지만, 교제의 장에 빠질 때 손해를 볼 수 있음도 알아야 합니다. 어떤 목사님은 이제까지 태어나서 한 번도 주일을 성수하지 않은 적이 없다고 합니다. 이유를 물었더니 "내가 빠질 때 주님이 오실까 봐... 내가 그 시간에 빠졌을 때 놀라운 성령의 역사가 일어날까봐..." 그래서 그 자리를 지켰다고 하는 말씀에 놀라움을 금할 수 없었습니다. 재미있는 답변이지만 의미 있는 이야기입니다.

여하튼 도마는 제자들이 모인 자리에서 빠졌기에 부활하신 예수님을 만나지 못했습니다. 다른 모든 제자들이 예수님을 만나고 기쁨을 누린 자리에 함께하지 못했습니다. 예수님을 만난 시간이 늦어진 만큼 도마의 괴로움이 지속되었습니다. 이것이 교제의 장에서 빠져 있던 도마가 가지게 되었던 대가였습니다. 그러나 예수님은 도마를 포기하지 않으시고 새로운 기회를 주셨습니다.

3. 예수님께 정직한 의심을 표현한 도마(요 20:25)

1) 정직한 의심은 복음을 경험하는 기초와 도구가 됩니다

예수께서 십자가에서 죽으신 후, 극도로 괴로워하고 힘들어서 제자들과 함께하지 못했던 도마였지만 어느 정도 자신을 정리하고 나서 그가 다시 돌아갔던 곳은 바로 제자들이 모인 곳이었습니다. 그런데 그곳으로 돌아갔더니 예수님이 살아나셨다고 이야기 하는 것입니다. 예수를 따랐던 보통의 다른 사람들 같으면, 예수님이 살아나셨다고 하면 기쁘고 감사하며 '할렐루야!' 했을 텐데, 도마는 기질상 예수님이 살아나셨다는 소식을 듣고 그 자리에서 마냥 기뻐할 수는 없었습니다.

25절을 보면 "다른 제자들이 그에게 이르되 우리가 주를 보았노라 하니 도마가 이르되 내가 그의 손의 못 자국을 보며 내 손가락을 그 못 자국에 넣으며 내 손을 그 옆구리에 넣어보지 않고는 믿지 않겠노라 하니라"고 말씀하고 있습니다. 성경을 읽으며 어떻게 생각하셨는지는 모르겠으나, 도마가 가지고 있는 이 정직한 의심은 복음을 경험할 수 있는 통로가 될 수 있습니다.

저는 한국의 기독교가 힘을 점점 잃어가고 있는 이유 중에 하나가 바로 묻어가는데 있다고 생각합니다. 개인적으로 예수 그리스도에 대한 체험이 없으면서 열광주의와 분위기에 묻어 가다보니까 언젠가는 그 분위기가 식어지는 순간이 오게 되고, 그 때 남는 것은 주님에 대한 개인적인 경험인데 그 경험이 없으니까 같이 식어 가는 것입니다. 그러나 도마는 정확하게 자신이 의심하는 바에 대해 물어보고 그것을 확신하려고 노력했던 사람입니다. 물론 믿음의 눈으로 보면 믿음이 없다고 말할 수 있습니다. 그런데 믿음이라는 것이 무엇입니까? 맹목적으로 믿는 것은 믿음이 아닙니다. 믿어지지 않는데 '믿습니다'라고 하면서 '믿어야지, 믿어야지' 하니깐 안 믿어지는 것입니다. 안 믿어지는 것을 가지고 삶을 뚫고 나가려고 하니까 뚫어지지 않는 것입니다.

2) 믿음의 반대는 의심이 아니라 무관심입니다.

여러분! 이 부분에서 제가 말씀드리고 싶은 것은 '믿음'의 반대어는 '의심'이 아니라는 것입니다. '믿음'의 반대어는 '무관심'이라는 것입니다. 의심이라는 것은 반은 믿는 것이라고 볼 수 있습니다. 무관심한 것이 믿음의 반대어입니다. 주님이 살아나셨다는 소식을 듣고서도 모른 체 하는 것이 믿음의 반대이며 정말 우리가 경계해야 될 것입니다. 주님이 놀라운 기적을 행하셨다고 해도, 생명이 있다고 해도, 영혼이 살아났다고 해도 거기에 관심이 없는 것이 문제이지 의심하는 것은 문제가 아니라는 것입니다. 오히려 정당한 의심-'정당한'이라는 단서를 붙인 이유는 공동체를 무너뜨리거나 사람을 공격하기 위한 의심을 배제하기 위한 것입니다.-과 내 마음속에 진리를 향한 정확한 의심은 우리로 하여금 그 진리를 발견하게 만들어 주는 도구가 됩니다. 여러분! 얼마나 예수님과 성경에 대해서 의심하는 것들을 주님 앞에서 표현해 보았습니까?

종교개혁이 일어났던 이유 중의 하나는 정당한 의심이었습니다. 사제들이 라틴어로 된 성경을 읽으면 성도들은 알아들을 수 없는 그 말을 그냥 믿어야 되었습니다. 듣지도 못하고, 알지도 못하고, 이해도 안 되는데 사제들이 하나님의 말씀이라고 선포하니까 그냥 믿는 것인데 그 속에서 어떻게 믿음이 성장할 수 있었겠습니까? 그 속에서 불법과 편법이 난무하고 면제부가 나온 거 아니겠습니까? 그런데 그 내용을 의심하고 말씀을 깊게 묵상하던 중 복음의 진리를 깨달은 루터를 통해서 종교개혁이 일어났던 것입니다. 의심은 우리를 더 깊은 하나님의 진리로 끌어갈 수 있는 도구가 될 수 있습니다. 여러분이 성경을 읽을 때마다 이해가 되지 않는 부분은 메모하고, 주변 사람들에게 물어도 보고, 또 기도도 하면서 배워가는 사람은 그 의심이 반드시 신앙의 성장을 가져오더란 말입니다.

여러분! 제가 부탁드리고 싶은 것이 있습니다. '묻어가지 말자!'는 것입니다. 모두 '할렐루야!' 하니까 나도 '할렐루야!'하고, 분위기가 '아멘!' 해야 할 것 같으니까 아멘 하는 것이 아닙니다. 내 마음속에 의심이 있다고 한다면 다른 10명의 제자는 믿었다고 할지라도 '나는 당신의 못자국 난 손을 만져보아야만 되겠습니다. 그리고 옆구리의 창 자국을 만져보기 전까지는 믿지 못하겠습니다. 주님 믿게 만들어 주십시오.'라고 말할 수 있는 자가 되어야 한다는 것입니다. 그러나 오해하지 마십시오! 앞에서 말씀드렸지만 공동체를 무너뜨리기 위한 비판, 한 사람에게 상처를 주기 위한 비판과 의심은 금물입니다. 단지 진리를 향한 정직한 의심이 우리로 하여금 진리를 온전하게 깨달을 수 있도록 만드는 것입니다.

4. 갈보리 흔적으로 다시 복음 앞에 세우시는 예수님(20:26-27)

1) 예수님께 한 영혼은 천하보다도 귀합니다

우리가 생각했을 때 도마는 참 의심이 많고 믿음이 없다고 생각할지 모르겠지만 성경 어디를 보아도 예수님이 도마를 야단치신 적이 없습니다. 26절에서 27절을 보면 "여드레를 지나서 제자들이 다시 집안에 있을 때에 도마도 함께 있고 문들이 닫혔는데 예수께서 오사 가운데 서서 이르시되 너희에게 평강이 있을지어다 하시고 도마에게 이르시되 네 손가락을 이리 내밀어 내 손을 보고 네 손을 내밀어 내 옆구리에 넣어보라 그리하여 믿음 없는 자가 되지 말고 믿는 자가 되라"고 말씀해 주셨습니다.

여러분! 예수님이 부활하시고 가장 먼저 가시기로 약속하신 곳이 갈릴리입니다. 그런데 부활하시고 나서 팔일이 지났는데도 갈릴리로 못 가셨습니다. 왜일까요? 도마 한 사람 때문입니다. 이것이 이해가 되십니까? 우리가 예수님께 의심이 있을 때 예수님은 나를 책망할 것 같고 나를 비난할 것 같고 야단칠 것 같지만, 예수님은 오히려 건설적인 의심 정직한 의심을 가진 자들을 만나주시기를 원하십니다. 그리고 그 영혼을 절대로 포기하지 않는 분이 바로 우리 주님이십니다.

예수님에게 가장 중요한 것은 '한 영혼'입니다. '한 영혼'을 위해서라면 어디든지 찾아 가실 수 있는 분이 우리 예수님이라는 말씀입니다. 예수님은 팔일 동안 다른 데 가지 아니하시고 그 제자들이 모여 있는 곳에 다시 나타나셔서 도마에게 갈보리의 흔적을 만지게 해주셨습니다. 여러분 기독교의 가장 중요한 핵심은 잃어버린 '한 영혼'입니다. '한 영혼'은 천하보다도 귀한 것입니다. '한 영혼'에게 집중해서 교회가 성장해가는 것은 문제가 없고 가장 바람직한 것이지만, 물질주의와 성장주의에 휩싸여서 교회가 성장해 가는 것은 문제가 있다고 생각합니다. 왜냐하면 그 성장주의에 휩쓸려서 '한 영혼'이 낙심하고 관심 받지 못할 수 있기 때문에 그렇습니다.

예수님은 그렇게 비관주의에 빠져있었던 도마를 찾아 가셨던 것입니다. 도마도 참 대단합니다. 생각해보십시오. 나머지 제자들은 예수님의 부활을 경험했고 한 사람만 경험하지 못한 상황입니다. 열 명의 제자들이 아무리 전해줘도 믿지를 않습니다. 내가 만지지 않고는 믿지 않겠다는 것입니다. 이럴 때 도마는 얼마나 제자들에게 왕따였을까요. '넌 믿음도 없냐?', '너는 왜 예수님이 하신 말씀을 못 받아들이냐?', '너 왜 그렇게 고집스럽냐?', '꼭 만져봐야겠어?' 그런데 그 모든 것을 잠식시킨 것이 예수님의 나타나심이었습니다.

2) 도마의 눈높이에 맞추어서 갈보리의 흔적을 확인시키심

도마는 예수님의 부활을 제자들의 말을 들어서가 아니라 자신이 직접 체험해보고 싶었던 마음이 있었습니다. 그래서 자신의 뜻을 굽히지 않았습니다. 그때 예수님이 그 도마에게 나타나 주셨습니다. 그리고 예수님은 도마의 눈높이에 맞추어서 갈보리의 흔적을 경험케 해 주셨습니다.

예수님이 그냥 부활한 모습만 나타내셨어도 도마는 그 자리에서 '주님 정말 부활하셨네요. 주님 저를 용서해주세요'라고 얘기 할 수 있었지만 예수님은 도마의 눈높이를 알고 계셨습니다. 내가 직접 만져 봐야 되겠다는 것이 도마의 눈높이였습니다. 그래서 예수님은 그 눈높이에 맞추어서 '너의 손을 가져다가 내 손과 옆구리에 넣어봐라'라고 명령하십니다. 얼마나 큰 상처입니까? 누굴 위한 상처입니까? 도마를 위한 상처였고, 우리를 위한 상처가 아닙니까? 우리의 그 불완전한 기질과 성격, 불완전한 모든 모습을 온전하게 하시기 위해서 십자가에서 고통을 당하신 것이 그 갈보리의 흔적이 아닙니까?

도마가 원했던 것은 부활에 대한 철학적인 이론이 아니었습니다. 도마가 원한 것은 부활에 대한 세상적인 논리가 아니었습니다. 도마가 원한 것은 그 부활하신 몸을 직접 만지는 것이었습니다. 이것이 도마의 기준이었습니다. 세상 사람들과 다른 제자들은 도마를 향해서 손가락질 할 수 있었고, 삿대질 할 수 있었을지 모르지만 예수님은 그에게 어떤 비난도 하지 아니하시고 그에게 직접 나타나주셔서 그의 눈높이대로 직접 만지게 해주셨습니다.

5. 신앙의 고백을 이끌어내는 갈보리의 흔적(20:28-29)

1) 갈보리의 흔적은 최고의 신앙고백을 하게 만들었습니다

예수님은 갈보리의 흔적을 보여주신 후에 이렇게 말씀하십니다. "자 이제 네가 만졌으니 믿음 없는 자가 되지 말고 믿는 자가 되라." 이것이 예수님의 가장 큰 바람입니다. 그 눈높이에 맞추어서 도마에게 부탁하시는 것이 있는데 믿음이 있는 자가 되라고 하는 것입니다. 이제 만져보고 경험해보았으니, 내가 너를 위해서 죽고 살아난 것을 네가 직접 체험해 보았으니 이제는 믿는 자가 되라는 것입니다. 그 믿음을 가지고 나가라고 하는 것입니다.

이렇게 도마가 예수님의 창 자국과 못 자국을 만지고 나서 어떻게 했을까요? 저는 그 자리에 넙죽 엎드렸을 것 같습니다. 그리고 한없이 울었을 것 같습니다. 왜냐하면 너무 감격스러워서 울었을 것이고, 또 한편으로는 조금이라도 의심했던 자신의 모습 때문에 울었을 것입니다. 의심은 우리를 깊은 진리 가운데로 나아가게 하는 도구가 되기는 하지만 믿음의 눈으로 보면 완전히 믿은 것은 아닙니다. 그래서 그 부분 때문에 그가 그 자리에 엎드려서 주님 앞에서 울었을 것 같습니다. '주님 제가 믿음이 없는 자였습니다. 주님 제가 믿지 못했습니다. 그러나 아시지요? 제가 마냥 믿음이 없거나 무관심해서 못 믿었던 것이 아니라 저도 다른 제자들처럼 제 눈으로 보고 제 손으로 만져서 당신을 경험하고 싶었습니다. 그러한 저를 외면하지 아니하시고, 믿음 없다고 질책하지 아니하시고, 저를 직접 찾아 오셔서 제 눈높이에서 당신을 만지게 해 주시니 정말 감사합니다.' 그 기쁨과 감격에 도마는 눈물을 주르륵 흘렸을 것입니다.

그리고는 이렇게 고백했을 것입니다. '당신만이 내 삶의 주인이십니다. 어떤 물질이나 돈, 관계나 사람이 내 생활의 주인이 아니라 나를 위해 이렇게 몸에 창 자국과 못 자국을 가지고 죽으시고 살아나신 예수님 당신만이 내 삶의 주인이십니다. 당신만이 내 삶을 이끌어 가실 수 있는 분이십니다. 당신만이 내 삶을 온전히 통치하실 수 있는 분이십니다.' 그런데 이러한 고백이 도마의 입에서 나왔습니다. 바로 "나의 주님이시요"라는 고백입니다.

도마는 또 이렇게 고백합니다 "나의 하나님이십니다." 이 말은 '당신처럼 죽고 살아날 수 있는 힘과 능력을 가지실 수 있는 분은 하나님 밖에 없습니다. 당신은 하나님의 아들이시지만 본래 하나님이셨습니다.'라는 의미입니다. 이처럼 놀라운 고백이 그 입을 통해서 나왔던 것입니다. 다른 제자들도 위대하지만 예수님을 직접 몸으로 만지고 경험한 도마의 입에서 나온 놀라운 고백은 다른 제자들이 하지 못했던 고백이었다라고 하는 것입니다.

결국 28절에 나오는 "도마가 대답하여 이르되 나의 주님이시요 나의 하나님이십니다"라는 고백은 신약성경에 나오는 최고의 고백인 것입니다. 왜 그런 줄 아십니까? 예수님께 대한 최고의 신앙 고백이라고 한다면 마태복음 16장 16절의 베드로의 고백이라고 할 수 있을 것입니다. "주는 그리스도시요 살아계신 하나님의 아들입니다." 이것도 놀라운 고백입니다. 그러나 베드로의 고백보다 도마의 고백이 더 최고라고 말하는 이유는 베드로의 고백은 예수님의 죽음과 부활을 경험하지 못하고 나온 고백이기 때문입니다. 그리고 하나님의 아들이심만을 고백한 고백이었습니다. 그러나 도마의 고백은 예수님의 죽음과 부활을 목격하고 나온 고백이며, 예수님이 하나님이시라는 놀라운 고백입니다. 이것은 신약성경에서 최초로 나온 고백입니다.

저는 신앙에 있어서 도마와 같은 태도가 필요하다고 생각합니다. 분위기 때문에 '아멘'하고, 분위기 때문에 믿으려 하지 말고, 믿어지지 않는 부분이 있다면 주님 앞에 기도하고 알려고 노력해야 한다고 생각합니다. 그때 그것이 깨달아지면 얼마나 큰 기쁨이 되겠습니까? 그 안에서 놀라운 신앙고백이 나올 수 있다고 생각합니다. 이렇게 분석적이고 완벽주의자인 우울질의 도마를 바꿔놓을 수 있었던 것은 논리적인 철학적 이론이 아니었습니다. 바로 갈보리의 흔적이었습니다. 이 갈보리의 흔적만이 어떤 기질에 있는 사람도 온전하게 하나님이 원하시는 사람으로 바꿔 놓을 수 있습니다. 바울 사도는 말합니다. "내가 내 몸에 예수의 흔적을 지니고 있노라"(갈 6:17) 여러분, 만져보고 경험해야 내 안에 그 예수의 흔적, 갈보리의 흔적이 생기는 것이 아니겠습니까?

우리가 그 도마와 같이 예수를 믿었으면 좋겠습니다. 그냥 알고 있는 피상적인 진리와 이론으로 예수를 안다고, 복음을 안다고 말하지 맙시다. 정확하게 알지 못하는 것은 모르는 것입니다. 우리가 스스로 모른다고 생각하고 주님께 물어볼 때 주님이 정확하게 대답해 주실 것입니다. 여러분! 기독교는 억압의 종교가 아닙니다. 무조건 믿으라고 강요해서는 안 됩니다. 우리가 진리에 대한 정직한 질문을 주님께 올려드린다면 주님은 그 질문에 대해서 반드시 답변해 주실 것입니다. 정직한 갈망이 있다면 그 갈망을 성취시켜 주실 것입니다. 이제 우리가 다시 복음 앞에 서야 될 이유가 여기에 있습니다. 이제까지 내가 복음을 알고 경험을 했지만 이 도마처럼 갈보리의 흔적을 다시 경험했을 때, 그의 모든 세상적인 기질이 주님의 방법 안에서 갈아지고 다듬어져 완벽하게 세워질 수 있기 때문입니다. 오늘 이 갈보리 예수 그리스도의 놀라운 흔적 앞으로 여러분을 초대합니다.

2) 보지 않고 믿는 자는 더 복되도다

예수님은 한 말씀 더하십니다. "너는 나를 본 고로 믿느냐 보지 못하고 믿는 자들은 복되도다"(29절). 이것을 오해하지 마십시오. 이것은 도마를 꾸짖으신 것이 아니라 도마 이후의 예수를 믿는 후세의 신앙인들을 위한 격려의 말씀입니다. 도마 이후에는 어느 누구도 예수님을 육체적으로 볼 수가 없기 때문입니다. 말씀을 통해서 그리고 간접적으로 느끼는 체험들로만 예수님을 경험할 수 있기 때문입니다. 그래서 주님이 말씀해 주시는 것입니다. 예수님을 보지 않고 예수의 죽으심과 부활을 확신할 수 있다고 한다면 우리는 도마보다 복된 자가 될 것입니다. 저는 여러분이 도마보다 더 복된 자가 되기를 원합니다.

마무리

여러분! 하나님의 말씀에 정직한 의심이 있다면 그 의심을 가지고 주님 앞에 물어 보십시오. 주님이 대답해 주십니다. 도마에게 나타나신 것처럼 육신의 모습으로 나타나실 수는 없지만 말씀을 통해서 그리고 상황과 환경을 통해서 우리에게 응답해주시는 분이 우리 주님이십니다. 정직한 의심은 우리를 다시 복음 앞에 세워 놓는 도구가 됩니다. 여러분! 우리 안에 있는 의심과 여러 가지 생각들을 주님 앞에 다 내려놓으십시오. 예수님은 꾸짖는 분이 아니십니다. 예수님은 여러분들에게 사랑을 나타내시기 원합니다. 예수님은 여러분을 만나주시기 원합니다. 어떤 의심을 가지고 찾아와도 직접 그 흔적을 보여주심으로 믿음을 갖게 해주십니다. 그래서 여러분이 온전한 믿음의 고백을 하기 원하십니다. '나의 주님이시며 나의 하나님이십니다'

결국 도마는 예수님의 다른 제자들보다도 가장 먼 곳 인도로 떠납니다. 인도에서 복음을 전하다가 그곳에서 처형되어 마지막 생을 보냅니다. 그렇게 가장 먼 곳까지 떠날 수 있었던 이유는 바로 갈보리의 흔적을 경험했기 때문입니다. 죽음 앞에서도 굴하지 않고 당당하게 죽음을 맞이할 수 있었던 이유는 갈보리의 그 흔적을 경험했기 때문입니다. 여러분! 혹시 신앙이 흔들리십니까? 주님 앞에 무릎을 꿇으십시오. 그리고 고백합시다. '주님 나도 주님을 더 깊게 만나야겠습니다. 내가 주님을 더 깊게 경험해야 되겠습니다. 다시 복음 앞에 서야겠습니다. 주님 저에게도 나타나 주십시오. 저에게도 보여주십시오.' 이렇게 기도할 수 있는 여러분이 되시기를 바랍니다.

마무리를 위해서 다시 생각하고 토의할 문제들

1. 정직한 의심을 가지고 있었던 도마가 복음을 더 깊게 체험할 수 있었던 이유는 무엇입니까?

2. 나는 이해되지 않거나 의심이 들 때 전체의 분위기에 그냥 묻어가는 사람입니까? 아니면 도마처럼 정직하게 의심을 표현하고 질문하는 사람입니까?

3. 부활하신 예수님이 첫 번째 제자들에게 나타나셨을 때 도마가 그들과 함께 있지 못했던 가장 중요한 이유가 무엇이었을까요?

4. 예수님께서 도마에게 찾아오셔서 십자가의 흔적을 만져보게 하시고 보여주신 이유는 무엇이었을까요? 여기에 나타나는 예수님의 사랑을 말해보세요.

5. 나는 도마와 같이 예수님의 부활의 흔적을 만져보고 체험한 경험이 있는 사람입니까?

6. 부활한 예수님을 경험한 도마는 신약성경에서 가장 위대한 신앙고백을 하게 됩니다. 도마의 고백이 신약성경에서 가장 위대한 고백이라고 말할 수 있는 이유는 무엇입니까?

7. 보지 않고 믿는 자가 더 복된 이유를 말해 보세요.

Chapter 05. 다시 복음 앞에! - 바울 이야기

주제를 풀어갈 성경본문
요한복음 9장 1~9절

주제를 풀어갈 글의 개요

[들어가면서]
본문의 정황과 배경

[본론]

1. 사울에 대하여 - 유대교가 이해한 복음에 충실했던 사람
   1) 정통 유대인 - 구약의 빛 아래 있던 사람
   2) 신념과 확신에 최선을 다한 사람 - 열정이 있고 성실했던 사람
   3) 예수를 박해한 사람 - 이것을 하나님을 위한 일로 생각함

2. 복음을 완성하신 부활한 예수님과의 새로운 만남
   1) 홀연히 만남(3절) - 전적인 하나님의 은혜
   2) 빛으로 만남(3절) - 어두운 사울을 비추시기 원함
   3) 대화로 만남(3-6절) - 사랑과 인격의 예수님

3. 부활한 예수님의 말씀
   1) "왜 나를 박해하느냐"(4절) - 사울의 영적인 실존
   2) "나는 네가 박해하는 예수라"(5절) - 예수 이름 안에 있는 복음
   3) "너는 일어나 시내로 들어가라…"(6절) - 용납하시고 인도하심

4. 부활한 예수님을 만난 사울의 깨달음
   1) 엎드려야함을 앎(4절).
   2) 어디로부터 돌아서야 할지 깨달음(turn from, 4절).
   3) 어디로 돌아가야 할지를 깨달음(turn to, 5절).

5. 사울을 예수님의 위대한 사도로 만든 원동력
   1) 의심에 대한 정확한 질문 - "주여 누구시니이까"(5절)
   2) 세상과 완전히 차단한 묵상 - "아무것도 보지 못하고…"(8-9절)
   3) 만남에 대한 정직한 정체성 확립의 시간 - "먹지도 마시지도 않음"
      (9절)

[마무리] - 요약과 적용

Return to the Gospel

| 들어가면서 |

사도행전 9장은 우리가 너무나 잘 알고 있는 사도 바울의 회심의 장입니다. 유대인이었던 사울이 다메섹으로 가는 도상에서 예수님을 만나서 평생을 복음을 전하며 하나님의 사람으로 쓰임 받게 된 결정적인 사건을 기록한 장입니다. 그래서 바울의 회심을 기록한 사도행전 9장과 자기 스스로 자신의 회심을 이야기하는 사도행전 26장은 매우 중요한 장이라고 생각합니다.

그러나 오늘은 사도 바울의 회심에 초점을 맞춰서 말씀을 나누기보다는, 사울이라고 하는 사람 안에 있었던 확신과 경험이 복음의 핵심 되시는 예수를 만남으로 무너지고 예수님의 제자로 새롭게 세워지는 부분에 초점을 맞춰서 말씀을 나누려고 합니다. 성경을 어떤 각도로 보느냐에 따라서 다양한 해석이 나올 수 있지만, 하나님께서 새로운 각도로 이 말씀을 보게 하셔서 제가 보고 느낀 점들을 나누려고 합니다.

바울은 이미 유대교의 신앙 안에서 하나님에 대한 지식과 확신 신념이 있던 자였지만, 잘못된 부분이 있었기에 복음의 핵심 되신 예수님을 만남으로 새롭게 다시 정립할 수 있었던 것입니다. 오늘의 말씀은 이 부분에 초점을 맞추려는 것입니다. 그리고 바울이 예수님을 만난 사건은 새로운 신을 만난 사건이 아니라, 구약에서 알고 있었던 하나님의 개념이, 그리고 구약을 통해 알고 있었던 잘못된 메시아의 개념이 예수님을 만남으로 온전해진 것이기에, 다시 복음을 경험한 사람으로 분류한 것이구요! 누구나 살아가면서 '옳다'라고 생각했던 것들이 잘못된 것으로, 또는 다른 것으로 느껴지거나 판명될 때가 있었을 것입니다. 저 역시 긴 인생을 살아온 것은 아니지만 한두 번 정도 이런 경험들을 해본 적이 있습니다.

사실 저희 부모님은 저와 전혀 상의하지 않고 저를 주님께 드리겠다고 서원하셨습니다. 왜냐하면 어머니가 저를 임신하셨을 때 의사가 아이를 낳으면 아이도 죽고 산모도 죽을 수 있다고 해서 저를 주님께 드리겠다고 기도를 하셨다고 합니다. 그리고 제가 태어났는데 어머니도 건강하셨고 저도 건강했다고 합니다. 부모님이 이 말씀을 제게 들려주셨을 때 저는 순수하게 목사가 되겠다고 말씀드렸습니다. 그리고 그 마음을 한 번도 바꿔 본 적이 없었습니다. 초등학교, 중학교, 고등학교를 다니면서 장래희망을 쓰는 란에는 항상 목사, 그리고 괄호를 쳐놓고 신학자라고 꼭 써 가곤 했습니다. 그것은 제 안에 주신 하나님의 마음이었습니다. 계속 그 목표를 향해 기도 해왔습니다. 대학원에 가서 학점 관리를 하면서 '하나님, 이제 대학원을 졸업하면 곧바로 유학을 가겠습니다. 어렸을 때부터 계속 기도해 왔고 저의 부모님도 기도해 주셨으며 제가 원하는 일입니다.'라고 기도하곤 하였습니다.

그러던 중 제가 신학대학원 5차 학기 때 하나님이 저의 스승을 만나게 하셔서 제가 지식으로 알고 있던 복음을 가슴속으로 내려와 복음케하는 귀한 경험들을 하게 해 주셨습니다. 그래서 한 학기동안 '예수!' 소리만 들어도 눈물이 나고 십자가만 바라봐도 눈물을 흘리며 복음을 깊게 경험하는 시간들이 있었습니다. 심지어는 전철을 타서도 구걸하러 다니는 분들이 틀어 놓은 복음성가를 들으면서도 눈물이 나올 정도로 주체할 수 없이 울고 다녔습니다. 그러면서 6차 학기 때 하나님 앞에 이렇게 헌신을 하게 되었습니다.

"하나님! 제가 외국에 유학을 간다고 할지라도 그것은 나를 위해서 하는 것이 아니고 하나님의 온전한 사람이 되기 위한 것이었는데, 제 인생에 있어서 이렇게 십자가 때문에, 예수님 때문에 울어 본 적이 없었습니다. 한 학기 동안 그렇게 울며 깊게 경험한 이 복음에 제가 온전히 헌신하기를 원합니다. 저를 복음으로 더 깊게 이끌어줄 수 있는 스승을 만났기에 유학을 포기하고 한국에 남아 그 분 밑에서 배우겠습니다."

그렇게 헌신한 후에 저의 스승이 부른 것도 아닌데 그분이 개척한 교회에 들어가 평신도로 배우기 시작했습니다. 졸업 후에도 한국에 남아 스승 밑에서 철저하게 제자훈련을 받고, 복음에 대해 깊이 알아가는 그 시간이 한편으로 은혜의 시간이었지만 또 한편으로 얼마나 어려웠던 시간이었는지 모릅니다. 왜냐하면 어려서부터 달려왔던 목표가 있었는데 복음 때문에 울면서 그 목표를 바꾸었기 때문입니다. 유학을 들어갔던 친구들이 한국에서 박사 학위 하는 것보다 외국에서 하는 것이 훨씬 더 많이 배우니 지금이라도 외국으로 오라고 할 때마다 자존심 강한 저는 참 많이 울었습니다. '내가 못 가는 것이 아니라 복음을 더 깊게 배우기 위해서 안 가는 거야.'라는 마음이 있었지만 친구들에게 그렇게 이야기하면 논쟁이 될 수 있기에 그냥 '나 여기서 많이 배우고 있어!'라고 이야기하고 그 날은 집에 와서 펑펑 울곤 했습니다. 제가 하나님 앞에서 스스로 결단한 일이지만 '하나님 저 지금이라도 나가면 안 될까요?'라며 삼 년을 울었습니다.

그러던 어느 날 제 인생에 매우 중요한 일이 일어났습니다. 그 날도 외국에서 공부하다 들어온 한 친구를 만났는데, 그 친구 역시 다른 친구들처럼 지금이라도 외국으로 들어오라며 저의 마음을 흔들어 놓았습니다. 그 날 집으로 돌아온 저는 하나님 앞에 울며 이렇게 기도를 하였습니다. '하나님, 저 이렇게 울기도 지겹고 이제 싫으니까, 제 마음 이렇게 흔들리는 것을 제가 보는 것도 힘드니까 어떻게 좀 해 주세요!' 외국 나가서 공부하는 것이 전부는 아니지만 그것이 제 목표였고 확신이었는데, 그 목적이 예수님을 더 깊이 만남으로 바뀌게 되었을 때 그 일은 제게 너무도 감당하기 어려운 일이었습니다.

그런데 그때 하나님께서 저를 깊이 만나주셨습니다. 기도하며 울고 있는 가운데 저에게 환상이라고 하는 것을 처음으로 보게 하셨습니다. 참 이상한 것은 마치 영화의 필름이 돌아가는 것과 같아 보였습니다. 그 환상은 먼저 저의 아버님이 월악산 밑에 시골 교회에서 목회를 하셨을 때의 일부터 보였습니다. 하나님은 그 때의 일을 보여주시면서 이렇게 물어보시는 겁니다. "너 어릴 때 전도대장이었지?" 맞습니다! 제가 어릴 때 진짜 전도대장이었습니다. 제 말 한 마디면 친구들이 우르르 따라다녔고, 교회 선생님들은 저에게 잘 보여야 했습니다. 왜냐하면 저의 행동에 따라 그날 예배 참석하는 아이들의 숫자가 확연하게 차이가 났기 때문입니다. 그 모습을 하나님이 영화를 보듯이 환상으로 보여 주시는 것입니다. 저에게 그런 경험은 처음이었습니다. 그리고 이어서 대학교를 다닐 때 교회에서 중등부 교사를 맡으며 선교국장을 맡아 학생들과 함께 전도훈련을 하고 방학 때마다 전도여행을 다녔던 것을 보여주셨습니다. 그때는 전도가 무엇인지도 잘 몰랐고, 참 부족한 점도 많았는데 그렇게 열심히 학생들과 함께 전도를 하러 다녔던 것이었습니다. 근데 하나님께서 그 때 일을 생각나게 하시면서 이렇게 말씀하시는 겁니다. "너 정말 열심히 그 일들을 했잖아! 너는 그때 잘 몰랐지만, 나는 너를 전도자로 세우기 위해서 어렸을 때부터 그 길로 인도해왔고, 전도자인 지금의 스승을 만나게 했단다!"

제가 그때 얼마나 많이 하나님 앞에서 울었는지 모릅니다. "하나님, 제가 하나님의 뜻을 알지 못하고 제 인간적인 욕망과 생각 때문에, 그리고 자존심 때문에 제가 결정해 놓고도 제가 전도자의 길을 가겠다고 확신해 놓고도 울었습니다. 하나님 저를 용서해 주십시오." 그 뒤로부터는 유학문제로 인해 운 적이 없었습니다. 그러나 꼭 가야 될 길이라고 생각했던 그것들이 하나님과 내 자신의 결정에 의해서 꺾어져 다른 길을 가게 되었을 때 그 자체는 너무나 힘들고 어려운 것이라는 것을 알게 되었습니다.

또 한 번 제 인생에 있어서 가장 힘들었던 순간은 교회를 개척할 때였습니다. 저는 교회를 개척하기 전에 칠 년 정도 대학교에서 학생들을 가르치면서 겸임교수와 강사로 이곳저곳을 다니고 있었고 저의 어렸을 때부터의 목표가 신학자였기에 하나님이 그렇게 이뤄 가시는 줄 알고 학교에 남아 있게 하실 줄 알았습니다. 목회라고 하는 것은 전혀 생각을 해보지도 않았었습니다. 그런데 하나님이 여러 상황과 조건들을 만드셔서 저를 목회 쪽으로 이끄셨을 때 하나님 앞에서 얼마나 많이 울었는지 모릅니다. 갑자기 저는 아무것도 할 수 없는 존재가 된 것 같고, '이것을 위해서 이제까지 달려 왔는가?' 하는 생각도 들고, 바보 같다는 생각이 들어서 참 많이 울었습니다. 그리고 꼭 목회를 해야 한다면 어떤 싸인을 보여 달라고 하나님 앞에 간절히 기도하기 시작했습니다. '하나님이 제 인생의 방향을 그렇게 바꾸기 원하신다면 하나님의 구체적인 싸인을 보여주십시오!'

그 때 하나님께서 저에게 또 한 번의 싸인을 보여주셨습니다. 그것 역시 환상 같은 것이었는데 여름밤 시골집에 불을 하나 켜 놓으면 온갖 날파리와 나방들이 다 모여들 듯이 제가 시작할 교회가 세상을 향해 빛이 될 수 있다면 세상에서 빛을 찾아 나서는 모든 영혼을 붙여주시겠다고 하시면서 이사야 60장의 말씀을 깨닫게 하신 것이었습니다. 그러고 나서 저는 이사야 60장을 깊게 풀어가기 시작했고, 그것이 저희 교회 개척 예배 첫 설교가 되어 한 달 동안 이 말씀을 전했습니다. 그러면서 하나님이 전적으로 저를 보호하시고 기도하는 사람들을 붙이시며 저를 끌어오셨기에 오늘까지 달려왔습니다.

제가 이런 이야기를 하는 이유는 절대적인 진리가 아니라고 할지라도 '내가 이것이 옳다'고 생각했고 '내가 이 길을 가야 된다'라고 생각했는데 그것이 아니라고 하는 좌절과 '바뀌어야 한다'라는 궤도 수정 앞에서 참 많은 낙담과 어려움을 경험할 수 있다는 것을 말씀드리고 싶었기 때문입니다. 저는 여기서 사도 바울도 그러한 관점에서 풀어보고자 하는 것입니다. 그냥 '사울이 회심해서 바울이 됐어, 그리고 위대한 선교사가 됐고, 위대한 복음전도자가 됐어'라고 말하는 공식 같은 이야기 말고, 사울이라고 하는 한 사람의 마음속에 얼마나 큰 아픔이 있었을 것이며, 어떤 과정을 통해서 하나님이 쓰시는 그런 위대한 사람이 되었는가를 보기 원하는 것입니다.

1. 사울에 대하여 – 유대교가 이해한 복음에 충실했던 사람

1) 정통 유대인 – 구약의 빛 아래 있던 사람

빌립보서 3장 4-6절에서 우리는 사도 바울이 자신을 정확하게 표현하고 있는 것을 볼 수 있습니다. "그러나 나도 육체를 신뢰할 만하며 만일 누구든지 다른 이가 육체를 신뢰할 것이 있는 줄로 생각하면 나는 더욱 그러하리니 나는 팔일 만에 할례를 받고 이스라엘 족속이요 베냐민 지파요 히브리인 중에 히브리인이요 율법으로는 바리새인이요 열심으로는 교회를 박해하고 율법의 의로는 흠이 없는 자라" 만일 우리가 잘못된 시각으로 성경을 본다면 사울이라고 하는 사람은 기독교의 박해자이고 있어서는 안 될 가시와 같은 존재로 여길지도 모릅니다. 그러나 성경을 자세히 보면 사울은 분명 자신이 정통 유대인이었다고 말하고 있습니다. 유대교에서 말하는 성경의 진리를 누구보다도 확실하게 믿고 있었던 사람이었고, 그 확신에 충실했던 성실한 사람이었습니다.

2) 신념과 확신에 최선을 다한 사람 – 열정이 있고 성실했던 사람

이미 언급했지만, 사울은 자신이 믿는 유대교에 대한 확실한 신념과 확신이 있었기에 그 확신과 신념 아래서 예수 믿는 사람을 박해하고, 기독교인들을 죽이는 일들을 감행했습니다. 여러분, 왜 사울이 예수님을 만나기 전까지 기독교를 박해하고 기독교인들을 잡아들이는 일을 앞장

서서 했을까요? 그것은 당시 유대교에게 있어 가장 위협이 되는 존재가 기독교였기 때문입니다.

예수가 나타나기 전 유대인들은 하나님을 믿는 신앙 안에서 아무런 어려움 없이 지내왔습니다. 하지만 예수가 나타나고 열두 명의 제자들이 생겨나면서 그들이 끼치기 시작한 영적인 영향력은 가는 곳마다 사람들을 모으고, 여러 가지 이적과 기사들을 만들어내기 시작했습니다. 그러면서 적잖은 유대인들이 점차 기독교로 넘어가는 모습들이 생겨나기 시작했던 것입니다. 이런 모습을 유대교에 충실했던 사울은 도저히 받아들일 수 없었습니다. 비록 대제사장, 서기관, 율법사들과 같은 종교의 지도자들이 모여 이 문제를 놓고 회의는 했겠지만 사울처럼 전면으로 나서서 행동대장으로 일하지는 못했었습니다. 그러나 사울은 유대교를 지키는 것이 하나님을 위한 일이고, 하나님을 위한 일을 할 때 하나님이 기뻐하실 것이라는 절대 절명의 책임감과 열정을 갖고 있었다는 것입니다.

3) 예수를 박해한 사람 – 이것을 하나님을 위하는 일로 생각함

사울이 예수 믿는 사람을 박해한 것은 단지 그가 살기(殺氣)를 가진 사람이었기에 박해한 것이 아니라, 또 다른 차원에서 보자면, 그것이 하나님을 위한 일이라고 생각했기 때문이었습니다. 이것이 그가 갖고 있었던 확신이었고, 그가 가지고 있었던 신념이었습니다. 그래서 예수를 박해하기 시작했던 것입니다.

한편으로 보면 사울과 같은 사람은 훌륭한 사람일 수도 있다는 생각을 해보게 됩니다. 비록 잘못된 신념과 진리에 대한 확신을 가지고 있다고 할지라고 내가 믿는 바를 목숨을 걸고 일하는 사람은 대단한 사람입니다. 여러분, 그런 사람이 예수를 온전히 만날 수 있다면 얼마나 큰 인물이 되겠습니까? 하나님이 보신 것도, 예수 그리스도가 보신 것도 바로 이러한 부분이었던 것 같습니다.

2. 복음을 완성하신 부활한 예수님과의 새로운 만남

사울은 자기의 신념과 확신 속에서 일해 왔던 사람이었습니다. 하루는 예수를 믿는 사람들이 다메섹까지 쫓겨 가서 그곳에서도 영향력을 끼친다는 소문이 들려왔습니다. 다메섹이라고 하는 곳은 예루살렘으로부터 240킬로미터나 떨어져 있는 곳이었습니다. 이곳까지 여행을 가기위해서는 나흘이나 닷새가 걸렸다고 합니다. 그런데도 사울은 자기가 믿는 신념과 확신에 대한 열정이 있었기에 예수 믿는 사람들을 잡아 예루살렘으로 호송해야 할 책임감을 갖고 다메섹으로 내려갔던 것입니다. 그런데 그곳에서 예수님을 만나게 된 것입니다. 자기가 박해했고 욕했던 그 예수를 다메섹에서 만나게 된 것입니다. 그런데 예수님은 다메섹에서 사울을 그냥 한 번 만나 주신 것이 아니었습니다.

1) 홀연히 만남(3절) - 전적인 하나님의 은혜

성경을 보니까 바울이 세 가지 방법에 걸쳐서 예수님을 만나게 됩니다. 그 첫 번째 방법은 본문 3절에 기록되어 있듯이 '홀연히' 예수님을 만나게 되었습니다. "사울이 길을 가다가 다메섹에 가까이 이르더니 홀연히 하늘로부터 빛이 그를 둘러 비추는지라"

저는 이 '홀연히'라고 하는 낱말을 중요하게 봅니다. 왜냐하면 사울은 스스로 예수님을 만나려고 단 한 번도 노력해 본 적이 없었는데, 예수님은 '홀연히' 만나주셨기 때문입니다. 사울은 예수가 어떤 분인지 알려고 노력하지도 않았습니다. 단지 유대교에 대한 열심 때문에 예수는 유대교를 와해시키는 자요, 유대교의 적대자로 유대교를 위해 없어져야 될 인물로만 생각했던 것입니다. 그렇기에 한 번도 그 예수라고 하는 분을 불러 본 적이 없었습니다. 그러나 예수님은 그런 사울을 아셨기에 일방적으로 사울에게 '홀연히' 나타나신 것입니다.

여러분 이것이 은혜입니다. 성경을 자세히 보면 우리가 하나님을 원해서 만나는 경우도 있지만, 그러나 중요한 것은 하나님이 일방적으로 우리에게 먼저 찾아 오셨다는 것입니다. 만일 하나님께서 먼저 우리를 일방적으로 찾아오시지 않는다고 한다면 그 하나님의 사랑과 은혜, 그리고 그 하나님의 구속을 어찌 우리가 알 수 있겠습니까?

사울에게 있어서도 가장 큰 은혜는, 사울은 원하지 않았지만 그 중심을 보시고 홀연히 일방적으로 찾아와 주신 예수 그리스도 때문에 이 만남이 이루어졌다고 하는 것입니다. 그렇기 때문에 기대하십시오! 내가 기도해야 한다는 것을 알고, 내가 하나님 앞에 더 가까이 나가야 한다는 것을 알지만 그렇게 하지 못해서 내 마음이 무너져 있다고 할지라도 하나님께선 일방적으로 여러분들에 나타나실 수 있는 분이십니다. 하나님은 일방적으로 여러분에게 만나 주시는 분이십니다. 왜 그렇습니까? 사랑하기 때문입니다.

2) 빛으로 만남(3절) – 어두운 사울을 비추시기 원함
이렇게 홀연히 나타나신 예수님은 두 번째로 빛의 모양으로 그에게 나타나셨습니다. 예수님이 빛으로 소개된 구절이 성경에 많이 있습니다. 그런데 예수님이 사울을 만나 주셨을 때 강력한 빛의 모양으로 임재해 주셨습니다. 왜 빛의 모양으로 임재해 주셨을까요? 여러 가지 이유가 있을 수 있습니다.

유대인들은 인간이 할 수 없는 초월적인 일들이 일어났을 때 그 일은 하나님이 하시는 일이라고 받아들이는 풍습이 있었습니다. 그래서 인간이 할 수 없는 초월적인 일을 하는 사람을 보면 그 사람은 하나님이 보내신 선지자라고 생각하였습니다. 그렇다면 '강력한 빛으로 나타난다'라고 하는 것은 무엇을 의미하는 것일까요? 바로 그것은 인간이 할 수 없는 하나님만이 하실 수 있는 방법으로 사울에게 나타나셨다는 것을 의미합니다. 아마 사울은 그 빛을 경험하고 나서 마음속으로 그렇게 생각했을 겁니다. '이것은 분명 하나님의 임재구나! 하나님이 하시는 일이구나!' 비록 자세히 알지는 못한다 하더라도 강력한 빛으로 임재하시는 그 예수님을 경험하면서 하나님이 하시는 일이심을 느낄 수 있었을 것입니다.

또한 예수님이 그렇게 강력한 빛의 모습으로 사울에게 나타나신 가장 중요한 이유는 사울의 어두움을 드러내시기 위함이라고 생각합니다.

요한일서 3장 21절을 보면 "만일 우리 마음이 우리를 책망할 것이 없으면 하나님 앞에서 담대함을 얻고"라고 말하고 있습니다. 빛이 아무리 강력하다고 할지라도 사람이기 때문에 그 빛이 비춰졌을 때 처음에는 두렵고 어려운 마음이 있을지 모르지만 마음속에 어두움이 없고 책망할 것이 없다면 그 빛 되신 주님과 깊게 교제할 수 있을 것입니다. 그러나 어두움이 있다면 그 어두움은 빛 되신 하나님 앞에서 반드시 드러나게 되어 있습니다. 그러므로 부활하신 예수 그리스도가 빛으로 그에게 나타나셨다는 것은 무엇을 의미합니까? '사울, 네가 잘 못 알고 있다!'라고 하는 것입니다. '네가 하는 그 열심, 그 일이 하나님을 위한 일이라고 생각할지 모르지만 그것이 바로 어두움이다!'라는 것입니다. 하나님은 사울 안에 있는 어두움을 사울 자신에게 보여주시기를 원하셨던 것이었습니다.

만약 사울에게 당당함과 떳떳함이 있다고 한다면 그 빛을 보고 처음에는 두려워해서 한 발자국 물러났을지 모르지만 그 가운데서 하나님과 깊은 교제가 있었을 것입니다. 그러나 성경을 보니까 이 빛을 본 사울은 그 자리에 엎드러졌다고 기록되어 있습니다. 무엇을 의미합니까? 죄 된 사울의 마음속에 어두움이 있기 때문에, 그리고 그 어두움이 빛 가운데서 드러났기 때문에 엎드릴 수밖에 없었던 것입니다. 그러나 우리 하나님은 매우 인격적인 분이십니다. 그렇게 빛으로만 비춰주셔도 사울은 스스로 무엇을 잘못했는지 직감적으로 느낄 수 있었는데 하나님은 그런 초월적인 방법으로만 사울을 만나 주시지 않았습니다.

3) 대화로 만남(3-6절) - 사랑과 인격의 예수님

'빛' 다음에 사울을 만나주신 세 번째 방법은 '대화'였습니다. 하나님은 3번에 걸쳐서 사울과 말씀해 주십니다. 사울은 한 번도 그분의 이름을 부르지 않았지만 그분은 사울의 이름을 부르면서 다가오셨습니다. "사울아! 사울아! 네가 어찌하여 나를 박해하느냐 나는 네가 박해하는 예수라! 너는 일어나 시내로 들어가라 네가 행할 것을 네게 이를 자가 있느니라"고 말씀해 주셨습니다.

여러분, 사울은 이제까지 어떤 일을 했습니까? 예수 믿는 자를 잡아 죽이고 박해하는 일들을 했습니다. 예수님 편에서 봤을 때에는 너무나 힘들고 어려운 적대자였습니다. 그런데 부활하신 예수 그리스도가 사울에게 나타나 주신 궁극적인 목적은 그를 위협하고 하는 일을 멈추게 하는 것으로 끝나는 것이 아니었습니다. 그를 깊게 만나 주셔서 고치고 바꾸어 주시기 위함이셨기에 예수님께서는 다정한 대화로 그를 만나 주셨던 것입니다.

이 말씀을 보면서 중요한 사실을 발견했습니다. 만일 저를 반대하는 사람이 있다면 그 사람이 많이 미울 것입니다. 그런데 예수님은 그렇게 죽도록 미울 수밖에 없는 사울을 만나주시고 다정하게 대화까지 해주셨습니다. 그리고 그를 변화시켰습니다. 저는 여기에서 도대체 하나님께서 사람을 선택하시는 기준이 어디 있는가를 고민해 보지 않을 수 없었습니다.

예수님이 이 땅에 오셨을 때에 전 세계를 복음화 하는 귀한 프로젝트를 수행하기 위해서 가장 먼저 하신 일은 열두 명의 제자를 부르신 것이었습니다. 그 놀라운 프로젝트를 수행하기 위해서는 제자들 가운데 지식인도 있어야 하고 셈에 밝은 사람도 있어야 하며 건축가도 있어야 했을 것입니다. 각기 다른 위치에서 예수님을 보좌할 사람을 뽑아야만 했을 것입니다. 그런데 예수님은 갈릴리의 어부들, 아무것도 배우지 못하고 고기 잡는 것 밖에 알지 못하는 어부들을 제자로 선택하셨습니다.

오늘 본문에서도 예수님께서는 자신을 박해하는 사울을 만나 일을 맡기셨습니다. 도대체 예수님의 기준은 무엇입니까? 예수님의 기준은 얼마나 배웠고, 얼마나 자신을 잘 보필할 수 있느냐에 있는 것이 아니었습니다. 이것은 사람들이 보는 기준이고 세상이 보는 기준입니다. 예수님의 기준은 그를 훈련시켰을 때 예수님의 영향을 받아서 훈련받은 대로 얼마나 다른 사람들에게 영향을 끼칠 수 있는가에 대한 영적인 잠재력에 있습니다. 때로는 우리가 가지고 있는 돈이나 지식이 예수님께 사용되는 데 방해가 될 수 있습니다. 예수님이 사울을 만나 주신 가장 중요한 목적 중에 하나도 바로 그것입니다. 이렇게 자신의 확신과 신념에 차서 그 일에 목숨을 걸고 나서는 사람이라면, 그 잘못된 확신과 신념을 진리에 대한 확신과 신념으로 바꿔준다면 세계를 뒤바꾸는 인물이 될 수 있다는 그런 영적인 잠재력을 보시고 그를 찾아 가신 것입니다. 이것이 인간과 하나님의 다른 점입니다.

하나님은 우리의 영적인 잠재력을 보십니다. 하나님은 우리가 얼마만큼 성장하고 우리가 얼마만큼 하나님을 위해서 일할 수 있는가를 보신다는 것입니다. 그래서 그에게 다가가서서 사랑으로 인격적으로 말씀해 주시는 것입니다. 그러면 예수님이 그렇게 만나서 어떠한 말씀을 해주셨습니까?

3. 부활한 예수님의 말씀

1) "왜 나를 박해하느냐"(4절) – 사울의 영적인 실존

사울을 만난 예수님은 첫 번째 이렇게 말씀하십니다. "사울아 사울아 왜 나를 박해하느냐!" 많은 말씀이 있었을 수도 있었지만 예수님이 사울을 만나서 가장 먼저 던져주신 말씀이 "왜 나를 박해하느냐?"라고 하는 것입니다. 이것은 사울의 영적인 실존을 보여주신 말입니다. 사울은 예수라는 분을 한 번도 만난 적이 없는데 예수는 지금 사울을 만나서 사울이 예수를 박해하고 있다고 가르쳐주고 계십니다. 무슨 말입니까? 예수 믿는 자를 죽이고 예수 믿는 자를 박해하는 일이 바로 예수를 박해하는 일과 똑같다는 것입니다. 그래서 예수님께서 사울 때문에 아프고 힘들다는 것을 가르쳐주시고 계신 것입니다.

여러분! 이 소리를 듣고 나서 사울이 느꼈던 것이 무엇일까요? 빛으로 "홀연히" 나타나신 부활의 예수님을 만나고 사울의 마음은 매우 혼돈 가운데 있었을 것입니다. 하나님이 계신다면 자신을 격려해 주시고 힘을 더 실어 줘야 하는데 지금 분위기는 그렇지 않은 것입니다. 분명히 하나님이 나타나신 것 같은데 자신의 마음은 어렵고, 분명히 하나님이 빛으로 나타나신 것 같은데 자신이 무너지는 것입니다. 그러면서 그 속에서 들려오는 음성이 "왜 나를 박해하느냐"는 것이었습니다. 이 때 사울이 절실히 깨달았을 것입니다. '내가 하는 일이 잘못된 일이구나, 하나님이 원치 않은 일이구나, 그것은 바로 하나님을 박해하는 일이구나!'라는 것을 깨달아 알았을 것입니다.

2) "나는 네가 박해하는 예수라"(5절) – 예수 이름 안에 있는 복음

두 번째로 예수님은 "나는 네가 박해하는 예수라"라는 말씀을 통해 당신이 누구신지를 가르쳐 주셨습니다. '예수'라고 하는 이름의 의미가 무엇입니까? '모든 사람을 죄에서 구원해 낼 바로 그분'이라고 하는 의미가 그 안에 담겨 있는 것입니다. 사울이 '예수'라고 하는 이름은 들어서 알고 있었을 테지만 직접 나타나 "나는 예수라"라고 말씀하시는 그 음성을 들었을 때 '예수'라고 하는 이름의 의미가 전혀 다르게 사울에게 느껴졌을 것입니다. "아! 그렇구나. 이름만 예수가 아니라 이분이 바로 이 땅에 있는 모든 죄인들을 죄에서 구속할 분이시구나!"라고 하는 것을 예수님의 음성을 통해서 절실히 깨달아 알았을 것입니다.

예수님은 다른 말씀을 해주시지 않으셨습니다. 나는 너를 위해 십자가에서 죽었고, 다시 살아났으며, 이 일들이 계속 증거 되기를 원한다는 말씀들은 다 생략하고 단 한 말씀만 하셨습니다. "내가 예수라!"

여러분, 저는 바울이 평생을 그렇게 복음을 전하며 살 수 있었던 가장 중요한 이유는 이 음성을 들었기 때문이라고 생각합니다. 하나님이 모세를 만나주시고 모세를 애굽으로 보낼 때 모세가 하나님 앞에 묻습니다. "내가 갈 수는 있습니다. 그런데 내가 만났던 당신을 어떻게 소개해야 되겠습니까? 당신은 누구십니까?" 그 때 구약성경에 처음으로 하나님이 자신의 이름을 가르쳐 주십니다. "나는 여호와라 스스로 있는 자니라.(I am Who I am)" 이 하나님의 대한 분명한 정체성, 존재 의식이 모세로 하여금 애굽으로 갈 수 있도록 만들어준 힘이었습니다. 사울도 마찬가지입니다. 사울이 다메섹 상에서 예수를 만났을 때 예수가 가르쳐 준 것이 무엇입니까? 예수님이 누구신지를 명확히 가르쳐 주신 것입니다. 그것이 무엇입니까? "나는 예수다"라고 하는 것입니다. 예수! 예수! 그 이름의 능력이 어디에 있습니까? 그 이름 자체에 모든 사람을 죄에서 구속해 낼 능력과 의미가 그 안에 다 담겨 있는 것입니다. 사울은 예수라고 하는 그 이름의 의미를 깊게 들으면서 자신이 박해했던 예수가 어떤 분이라는 것을 알았던 것입니다.

3) "너는 일어나 시내로 들어가라…"(6절) - 용납하시고 인도하심

세 번째 부활하신 예수님께서 하신 말씀이 무엇입니까? "너는 일어나 시내로 들어가라 그곳으로 들어가면 네가 무슨 일을 해야 할 것과 그리고 네게 일러줄 사람이 있으리라" 예수님께서는 사울에게 세 번 말씀하셨는데, 첫 번째는 "사울아 사울아 네가 어찌하여 나를 박해하느냐"였고, 두 번째는 "나는 네가 핍박하는 예수라"였으며, 세 번째는 "일어나서 한 성읍으로 가라 시내로 들어가라"였습니다. 사실 이 세 번째 말이 잘 이해가지 않을 수도 있습니다. 나를 핍박하고 죽이려고 했던 그 사람에게 심판의 말씀이 아니라 '이제는 일어나 시내로 들어가라' 라고 말씀해 주시고 있습니다. 어떤 말씀의 의미가 이 안에 포함되어 있을까요? 사울은 예수님을 죽이려 했고, 오해했지만 예수님은 사울을 용서하고 용납한다는 의미가 들어가 있는 것입니다. '내가 너를 사랑한다'라는 의미가 이 안에 들어 있는 것입니다.

예수님이 사울에게 나타나셨을 때, 예수님은 사울을 심판하기 위해서 나타나신 것이 아닙니다. 정죄하기 위해서가 아닙니다. 비록 그가 예수를 죽이려 했었고 예수님이 하는 모든 일을 막으려고 했었지만, 예수님은 사울을 세우기 위해 나타나셨습니다. 자신은 희생하더라도 한 영혼을 세울 수만 있다면 기꺼이 목숨을 내어 줄 수 있는 분이 우리 예수님 아니시겠습니까? 사울은 지금 대단한 혼돈 속에 있습니다. 왜냐하면 자신이 행한 일이 하나님을 위한 일이라는 절대적인 확신이 다메섹 상에서 예수를 만남으로 인해 매우 흔들리고 있기 때문입니다. 바로 그 상황 속에서 예수님은 친절하게 그를 일으켜 세우시고 한 성읍으로 보내시는 것입니다. 그리고 그 순간부터 하나님이 그의 삶을 인도하시기 시작하는 것입니다. 믿습니까? 모든 확신과 신념이 무너진 혼돈 속에서 그냥 예수님이 떠나셨다면 고민하다가 정신병자가 되든지 폐인이 되어버릴 수도 있었을 것입니다. 그런데 예수님께서는 다시 그를 만나주시고 그의 길을 인도하시고 계십니다. 그가 당장 해야 될 한 걸음 한 걸음부터 인도해 가십니다.

4. 부활한 예수님을 만난 사울의 깨달음

1) 엎드려야함을 알았다(4절)

그럼, 이런 부활한 예수를 만난 바울이 깨달은 것이 무엇일까요? 첫 번째 4절에 보니 "땅에 엎드려져 들었다"라고 기록되어 있습니다. 예수는 내가 박해할 대상이 아니고, 예수는 내가 오해할 대상이 아니고, 예수는 내가 원망할 대상이 아니라 엎드려져 경배해야 될 대상이라는 것을 알았습니다. 그 위엄 앞에 그 권세와 권능 앞에 예수의 임재를 경험한 모든 사람들은 엎드려졌기 때문입니다. 이 예수를 만나기 전까지 바울은 예수를 죽여야 될 존재로 알았습니다. 예수를 박해할 존재로 원망할 존재로 알았습니다. 그러나 부활한 예수를 만나고 나서 그 어려운 혼돈 가운데서 먼저 깨달았던 것은 예수는 내가 엎드려 높여야 될 대상이라는 것입니다.

2) 어디로부터 돌아서야 할지 깨달음(turn from, 4절)

두 번째로 바울이 깨달았던 것은 내가 어디로부터 돌아서야 되는 것인지를 알게 되었다는 것입니다(turn from). 바울은 예수를 박해하던 일로부터 돌아서야 된다는 것을 깨달았습니다. '예수를 원망하고, 예수를 박해하고, 예수 믿는 자를 잡아 죽이고 힘들게 했던 그 일에서부터 내가 돌아서야 되는구나!'라는 것을 깨달았던 것입니다.

3) 어디로 돌아가야 할지를 깨달음(turn to, 5절)

그리고 세 번째는 어디로 돌아가야 할지를 깨달았습니다(turn to). '나는 네가 박해하는 예수라' 그 한 말씀 안에 능력이 있고 힘이 있었기에 사도 바울이 이제는 돌아가야 될 지점이 어디냐 하면 자신이 박해했던 예수, 자신이 죽이려고 했던 그 예수께로 돌아가야 함을 알았다는 것입니다.

여러분! 비록 짧은 만남이었고 짧은 대화였다라고 생각할지 모르지만 이 짧은 만남 속에 너무나 권위 있는 하나님의 위엄이 그에게 임재 했기에 사울은 짧은 시간 안에 너무나 많은 것들이 그의 생각 속에서 스쳐 지나갔을 것입니다.

5. 사울을 예수님의 위대한 사도로 만든 원동력

1) 의심에 대한 정확한 질문 – "주여 누구시니이까"(5절)

결론적으로 이렇게 부활한 예수를 만난 사울이 예수님의 위대한 사도로 순교하면서까지 그의 인생을 바꾸게 된 원동력은 무엇이었을까요?

첫 번째로 의심에 대한 정확한 질문이 있었다는 것입니다. 한번 생각해 보십시오. 보통 사람 같으면 질문을 던지지 못했을 것입니다. 근데 사울은 그렇게 빛으로 강력하게 비추시는 예수님 앞에서 묻고 싶었습니다. "내가 잘못된 것이라구요? 왜 하나님이 나에게 나타나시면 기쁨을 주시고 소망을 주셔야 되는데 빛으로 나타나신 그 하나님을 보면서 내가 마음이 왜 두렵죠? 그러면 당신은 누구십니까?" 이 바울의 위대한 점은 그 순간에서 그 분에 대한 정체성을 물어보았던 것입니다. 도마에 대해서도 이야기 했지만, 도마처럼 정직하고 솔직한 의심은 우리로 하여금 신앙을 한 단계 성장시키는 도구가 됩니다. 이 질문이 있었기에 예수님으로부터 얻어낼 수 있었던 것은 "나는 예수라"라고 하는 답변이었습니다.

여러분! 내가 하는 일에 대해서 내가 달려 나가는 일에 대한 확신과 신념이 있으십니까? 그런데 그 확신과 신념은 예수를 만나고 나서 세워진 확신과 신념이십니까? 예수께 도대체 당신은 어떤 분이시냐고, 당신은 나에게 있어서 어떤 존재냐고 한번 정확하게 물어 본적이 있으십니까? 이 사울이 복음 전도자로 위대하게 기독교 역사에 남아있는 사람이 될 수 있었던 이유는 의심에 대한 정확한 질문을 던짐으로 예수께로부터 답변을 얻었기 때문입니다.

2) 세상과 완전히 차단한 묵상 – "아무것도 보지 못하고..."(8-9절)

두 번째로 참 재미있는 것은 성경에 보면 사울이 예수님을 만난 다음에 삼일 동안을 보지를 못하잖습니까? 왜 못 보았을까요? 저는 여러 가지 이유가 있다고 생각을 하지만 그것이 하나님의 배려이고 사랑이라고 생각합니다. 한번 생각해 보십시오. 이 사울은 굉장히 지식이 투철한 사람이고 자기가 믿고 확신하는 일에 대해서는 목숨을 바쳐 일하는 사람입니다. 그런데 그것이 잘못됐다는 것이 만남을 통해 드러나질 않았습니까?

여러분, 제가 서두에 제 인생에 대해 말씀드렸지만 달려갈 목표를 정해놓고 달려왔는데 그게 아니라는 것이 밝혀졌을 때 얼마나 허무했는지 모릅니다. 모든 것을 다 포기하고 싶고 모든 것을 다 내려놓고 싶은 마음이 들지 않겠습니까? 그런데 자신이 죽이려고 하는 그분이 하나님이시라고 하니 사울의 마음에 얼마나 많은 번민이 있었을까요? 그렇기에 이 사울을 배려하셔서 삼일 동안을 보지 못하게 하셨다는 것입니다. 우리가 흔히 짓는 죄는 보이는 것 때문에 짓는 경우가 많습니다. 안목의 정욕이라고 하지 않습니까? 보이지 않을 때 할 수 있는 일은 무엇입니까? 그 전에 만나 주셔서 말씀해 주셨던 그분만을 묵상하는 일이라고 하는 것입니다. 제가 이것을 배려라고 생각하는 이유는, 세상을 보지 않고 오히려 인위적으로 하나님이 세상과 차단하심으로써 고민과 번민이 많은 사울이 지금 만난 예수님만을 묵상할 수 있는 시간을 그에게 주신 것이기 때문입니다.

3) 만남에 대한 정직한 정체성 확립의 시간
　　－ "먹지도 마시지도 않음"(9절)

그런데 이 일은 하나님이 하셨지만 사울도 결단한 일이 있습니다. 9절 마지막 절에 보니까 "먹지도 마시지도 아니하니라"고 이렇게 나와 있습니다. 이것은 사울이 한 일입니다. 왜 먹지 않았을까요? 왜 마시지 않았을까요? 이것은 무엇입니까?

그것은 새로운 정체성을 확립하기 위해 그가 기본적으로 최소한 할 수 있는 일이었기 때문입니다. 제가 여러분께 드리고 싶은 말씀이 있습니다. 그리고 부탁이 있습니다. 우리는 연약하고 늘 한계가 있잖습니까?

내가 세워 놓은 목표 나는 분명히 하나님께서 그렇게 인도 하실 줄 알고 그것만 향해서 달려갔는데 하나님이 또 다른 길로 방향을 돌리실 때 이제까지 해왔던 일은 무엇인가? 하며 밑바닥으로 내려 갈 때가 있잖습니까? 지금까지 해왔던 일도 하나님을 위한 일이었지만 하나님이 또 다른 방향으로 인도하실 때 모든 것을 다 포기하고 싶은 마음, 그리고 바보 같다는 생각이 들 수 있습니다. 그러나 그때 생각해야 될 것이 있습니다. 그때가 하나님이 여러분을 위해서 가장 귀하게 그리고 가장 열심히 일하시는 시간이라고 하는 것입니다.

사도 바울을 생각해 보십시오. 사도 바울에게 이 시간이 없었다라고 한다면 그는 세상을 품고, 열방을 품고, 주의 복음을 전할 수 있는 위대한 인물이 되지 못했을 것입니다. 자신은 똑똑한 사람인 줄 알았고 자신에겐 육체적으로 자랑할 만한 것이 있는 사람인줄 알았는데 그 부활하신 예수를 한번 만남으로 인해서 '내가 이제까지 바보같이 살았구나! 내가 한 일은 아무것도 의미가 없었구나!'라고 생각하는 순간 죽고 싶은 마음까지 들었을 것이라고 생각할 수 있습니다. 그런데 그 순간이, 그 시간이 하나님께서 그를 전도자로 하나님의 사람으로 세우시기 위해 가장 열심히 일하고 계신 시간이었습니다.

여러분, 영적인 눈을 떠서 우리를 바라 볼 수 있기를 원합니다. 많은 사람들이 그 시간 때에 인내하지 못하고 하나님을 바라보지 못하기 때문에 막 나가는 경우가 있습니다. 그래서 제가 결론적으로 부탁하고 싶은 것이 그것입니다. 사울이 바울이 되어서 위대한 하나님의 사람이 될 수 있었던 것은 그 시간들 속에 철저하게 세상과 단절하고 철저하게 먹지 않고 마시지 않고 내가 만났던 그분이 누구인지 내 인생을 그분에게 맡겨야만 하는지 철저하게 고민하고 묵상하는 시간이 있었다는 것입니다. 이것이 정립되고 나서는 목에 칼이 들어와도 그 일을 위해서 뛰어들 수 있는 사람이 바로 사울이었습니다.

마무리

여러분! 하나님이 여러분을 바울과 같이 만들어 가실지도 모릅니다. 지금 그러한 시간 속에서 철저하게 정체성을 잃어버린 채 이제까지 무엇을 위해 살아왔는가? 라는 생각 속에 계신 분이 있을 수 있습니다. 하나님은 여러분들을 새로운 방향으로 더 깊고 더 위대하게 만드시기 위해 가장 급박하고 가장 열심히 일하고 계십니다. 이제는 우리가 그 하나님 앞에 어떻게 나아가야 될지를 결단해야 될 시간이라고 생각합니다. 적어도 이 사울은 의심에 기초한 정직한 질문을 주님께 드릴 수 있는 자였고 "도대체 누구이십니까?"라고 물을 수 있는 사람이었습니다. 어렴풋하게 '하나님이다!'라는 것을 알았겠지만, "주여 누구시니이까?"라며 그분을 다시 한 번 알고 싶어 하는 질문을 드렸고, 그분의 음성을 듣고 나서는 보이지 않은 가운데 식음을 전폐하고 묵상하고 씨름하는 시간이 있었다는 것입니다. 하나님이 요구하시는 것이 바로 이것입니다.

사울이 다메섹에서 예수님을 만나는 경험이 없었다면, 복음을 경험하는 시간이 없었다면, 그는 위대한 하나님의 사람이 되지 못했을 것입니다. 그렇기에 기도합시다! 지금 우리의 신앙 안에 있는 신념과 확신이 무너졌다고 할지라도, 다시 예수님을 만날 수 있기를요! 홀연히, 빛으로, 그리고 말씀으로 다가오시는 주님을 만날 수 있기를요!

마무리를 위해서 다시 생각하고 토의할 문제들

1. 본문에 나와 있는 사울은 어떠한 사람이었습니까? 왜 신념과 확신이 분명했던 사람이라고 말할 수 있을까요?

2. 나는 내가 믿던 신앙의 신념과 확신 속에서 해오던 일이 무너져 내리는 경험을 해본 적이 있습니까? 그때 내 마음은 어떠했습니까?

3. 사울이 예수 믿는 사람들을 박해한 이유를 그가 가지고 있던 신앙의 신념 안에서 설명해 보세요.

4. 사울은 어떠한 방법으로 예수님을 만났습니까? 세 가지로 말해 보세요.

5. 부활하신 예수님은 사울을 만나서 말씀을 통하여 무엇을 가르쳐 주셨습니까?

6. 부활한 예수님을 만난 사울은 어디로부터 돌아서야 할지를 깨달았으며, 또한 어디로 돌아가야 할지도 깨달았습니다. 어디로부터 돌아서야 하며, 어디로 돌아가야 할까요?

7. 부활한 예수님을 만난 사울이 위대한 복음 전도자가 되기까지 어떠한 시간을 가졌는지 5절, 8절, 9절에 나타나 있는 말씀을 통해서 설명해 보세요. 이 시간은 깨달은 것들을 진지하게 돌아보며 정체성을 확립하는 시간이었습니다.

Chapter 06. 구원의 통로로서의 십자가
-십자가 복음의 의미

주제를 풀어갈 성경본문
누가복음 23장 26~31절

주제를 풀어갈 글의 개요

[들어가면서]
본문의 정황과 배경

[본론]
1. 십자가의 길
    1) 십자가의 길은 외롭고 고독한 길입니다.
    2) 십자가의 길은 눈물이 있는 길입니다.
    3) 십자가의 길은 사랑이 있는 길입니다.

2. 십자가 복음의 의미
    1) 십자가는 예수님을 위해서 울어야 할 십자가가 아닙니다.
    2) 십자가는 나를 위해 울어 나를 구원케 할 도구입니다.
    3) 십자가는 가족들을 위해 울어 가족을 구원케 할 도구입니다.

[마무리] - 요약과 적용

RETURN TO THE GOSPEL

130 다시 **복음** 앞에

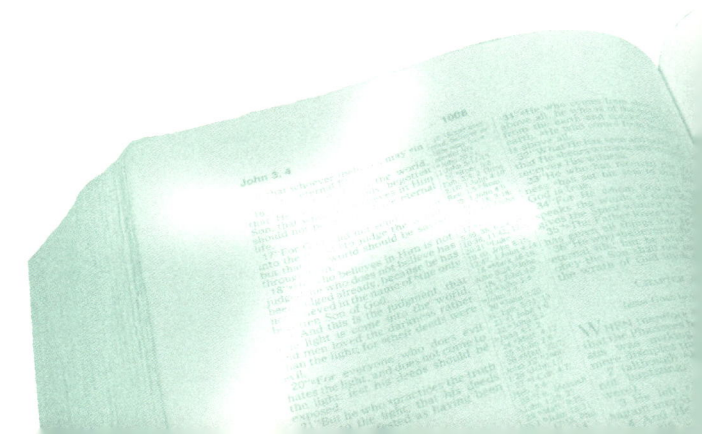

| 들어가면서 |

본문은 우리가 잘 알고 있는 유명한 구절로 예수께서 우리의 죄를 직접 담당하시기 위해 골고다 언덕으로 올라가시는 장면을 묘사하고 있습니다. 복음서를 보면 예수님이 가시는 곳곳마다 많은 무리들이 몸을 주체할 수 없을 정도로 예수님을 쫓아 다녔습니다. 왜냐하면 400년 동안의 영적 암흑기를 뚫고 세례 요한이 나타나 예수님의 길을 예비한 후, 예수께서는 하나님이 보내신 아들로서 이 땅의 진정한 회복을 위해 일하셨기 때문입니다. 그런데 예수님을 따르던 많은 사람들 가운데 예수님을 메시야로 확신하고 쫓았던 사람들은 많지 않았던 것 같습니다.

유대인의 풍습에 의하면 인간이 할 수 없는 초월적인 일을 하는 사람은 하나님이 보내신 사람이라고 여기는 풍습이 있었습니다. 한 예로 요한복음 3장에 보면 니고데모라고 하는 사람이 한밤중에 예수님을 찾아옵니다. 그리고 예수님을 '랍비'라고 부릅니다. 왜 유대인의 관원인 니고데모가 목수의 아들인 예수님께 한 밤중에 찾아와 '랍비'라고 불렀을까요? 니고데모는 "당신은 하나님께로부터 오신 선생인 줄 아나이다 하나님이 함께 하시지 아니하시면 당신이 행하시는 이 표적을 아무도 할 수 없음이니이다"라고 예수님을 찾아온 이유를 말합니다. 니고데모의 생각으로는 유대인의 풍습을 따라 인간이 할 수 없는 초월적인 표적을 일으키는 예수가 하나님이 보낸 사람이 맞는 것 같은데 도대체 어떤 사람이냐고 묻는 것이죠. '선지자입니까? 메시야입니까? 아니면 어떤 목적을 가지고 이 땅에 오셨습니까?' 그러나 분명한 것은 하나님이 보내신 사람이라고 하는 것입니다.

아마도 예수님께서 기적을 베푸시고 여러 가지 하나님의 일들을 행하셨을 때 예수님을 따랐던 많은 무리들 역시 그렇게 반신반의하였을 것입니다. 한편으로는 인간이 할 수 없는 놀라운 이적과 기적을 보면서 하나님이 보내신 분이 맞는 것 같다는 생각 안에서, 그리고 또 다른 한편으로는 자기가 가지고 있는 문제를 해결하기 위해서 예수님을 쫓기 시작했습니다. 가는 곳곳마다 그들의 인생의 문제가 해결되었습니다. 가는 곳곳마다 기적이 일어났습니다. 그리고 예수님의 말씀에는 권위가 있었습니다. 많은 사람들이 회복되었습니다. 그 모습을 보고 많은 사람들이 예수님을 쫓아다니면서 나름대로 기대도 가졌겠지요. 그러나 예수께서 십자가를 지고 가시는 길은 모두가 그를 떠나가고 어느 누구도 쫓지 않는 외로운 길이었습니다.

1. 십자가의 길

1) 십자가의 길은 외롭고 고독한 길입니다

성경을 보면 예수님께서 이 땅에 오신 궁극적인 목적은 바로 십자가를 지시기 위함이었습니다. 그런데 자신의 생애에 있어서 마지막 정점을 향해 달려가고 있는 이 상황 속에서 예수님은 처절하게 외로움을 경험하고 계십니다. 예수님을 쫓았던 많은 사람들이 다 흩어져 버린 겁니다. 예수님께서 십자가를 지고 올라가시는 이 길에 어느 누구도 예수님을 변호하는 사람이나, 아니면 예수님은 죄를 지으실 분이 아니시라고 말하며 대신 십자가를 져 주는 사람은 아무도 없었습니다. 예수님이 가시는 그 길가에 많은 사람들이 둘러 서 있기는 했지만 그들은 하나의 방관자로, 그리고 구경꾼으로 전락해 버렸습니다.

예수님께서 십자가를 지고 가시기 전에 어떤 일이 있었습니까? 예수님은 겟세마네 동산에 올라가셔서 할 수만 있으면 이 잔을 받지 않기를 원한다고 하나님 앞에 기도하지 않았습니까? 그러나 자신의 뜻대로 하지 마시고 아버지의 뜻대로 해달라고 기도하시다가 가룟 유다의 배신으로 체포당하셔서 밤새도록 심문을 당하시고 밤새도록 매를 맞으셨습니다. 아무리 건장한 청년이라도 밤새 잠을 자지 않고 심문을 당하고 매를 맞아 거의 죽게 되었다면 십자가를 지고 목적지까지 갈 수 없을 것입니다. 예수님께서도, 성경에 기록되어 있듯이, 자신의 힘으로는 그 십자가를 지고 갈 힘이 없어서 구레네 사람 시몬이 그 십자가를 대신 지고 가는 상황에까지 이르게 되었습니다.

십자가를 지고 골고다 언덕으로 올라가는 일도 힘든 일이었지만, 더 힘들게 만든 일은 예수를 좇던 많은 사람들이 구경꾼으로 전락하여 예수를 멀찍이서 지켜만 보고 있는 것입니다. 한 번쯤은 예수님 때문에 떡을 먹어보았을 것이고(오병이어의 기적, 칠병이어의 기적 등으로), 또 기적도 경험해 보았을 것이며, 자신의 인생의 문제가 해결된 사람들도 많이 있었을 것입니다. 그러나 어느 누구도 예수님의 십자가의 길에 나서는 사람은 없었으며 모두가 구경꾼이 되어 예수님을 지켜보는 자가 된 것입니다. 얼마나 서운하셨을까요? 얼마나 마음이 아프셨을까요? 십자가의 길은 이렇게 외롭고 고독하고 마음이 아픈 길이었습니다.

2) 십자가의 길은 눈물이 있는 길입니다

본문을 자세히 보면, 유독히 누가복음에만 기록되어 있는 사건이 있습니다. 그것은 예수께서 십자가를 지고 골고다 언덕에 올라가시는 그 길에 한 무리가 등장한 사건입니다. 그 무리는 가슴을 치고 울면서 예수님을 쫓아오는 여인의 무리였습니다. 여러분! 저는 이 성경구절을 읽으면서 참 마음이 찡했습니다. 당연히 이런 사람들이 나타나야 되는 것 아니겠습니까? 예수님의 공생애 3년 동안 예수님 때문에 얼마나 많은 사람들이 병을 고쳤고, 얼마나 많은 사람들이 구원을 경험했고, 얼마나 많은 사람들이 회복되었습니까? 그리고 그 권세 있는 말씀에 가슴을 치며 회개한 사람들이 얼마나 많았습니까? 그런데 예수님께서 십자가를 지고 골고다 언덕으로 올라가는 그 길가에 많은 사람들이 서 있었지만 그들은 구경꾼으로 전락해버리고 말았던 것입니다.

아마 사람들은 '적어도 저 분이 정말로 메시야라고 한다면, 지난 3년 동안 경험한대로 저분이 그렇게 능력을 일으킬 수 있다고 한다면, 저렇게 무의미하게 십자가를 지고 죽지는 않겠지? 저렇게 십자가를 지고 올라가다가 어느 순간에는 극적인 상황이 일어날 거야! 죽은 자도 살렸던 분이고, 오병이어의 기적도 일으키셨던 분이신데, 이대로 모든 것이 끝나지는 않을 거야'라고 생각했었는지도 모릅니다. 그리고는 '예수님이 기적을 일으키시는 순간에 그분에게로 달려가야지!'라고 생각했는지도 모르겠습니다. 그러나 그것은 철저히 인간적인 생각이었습니다. 왜냐하면 예수님은 이 땅에 죽으러 오셨기 때문입니다. 그분이 십자가 위에서 처절하게 죽으셔야만 우리의 궁극적인 죄의 문제가 해결될 수 있기 때문에 그렇습니다.

여러분, 우리가 가지고 있는 문제는 돈의 문제가 아닙니다. 건강의 문제가 아닙니다. 관계의 깨어짐의 문제가 아닙니다. 우리가 가지고 있는 본질적인 문제는 죄의 문제입니다. 왜 우리에게 아픔이 왔고, 죽음이 왔고, 어려움이 왔고, 고통이 왔습니까? 창세기를 보십시오. 1장, 2장을 보면 하나님이 인간을 창조하시는데 그 창조된 인간은 하나님의 형상과 모습대로 지음을 받았다고 성경에 기록되어 있습니다. 하나님의 형상과 모습이라고 하는 것은 히브리어로 '첼렘, 데무트'라고 하는 단어를 쓰는 데요, 이 단어는 외적인 모습을 나타내는 것이 아닙니다. 이것은 하나님의 내적인 성품을 의미합니다. 하나님께서는 그 모든 내적인 성품을 우리 인간에게 부여해 주셨다는 것입니다. 그리고 2장 7절에 보면 하나님이 숨을 내쉬면서 하나님의 영을 사람에게 불어 넣어주셨습니다. 그래서 하나님은 창조주이시고, 우리가 피조물이라고 하는 그 위치가 다를 뿐이지, 인간은 하나님을 꼭 닮은 존재로 만들어 놓으셨습니다.

저에게는 딸이 셋 있습니다. 세 딸들을 보면 얼굴도 제 각각이고, 노는 것, 행동하는 것도 다 달라요. 그런데 세 딸들을 유심히 살펴보면 다 저를 닮았어요. 그래서 제가 아이들을 야단치려고 보면 저랑 똑같아요. '아휴~ 이 하도균 같은 놈아!' 제가 예전에 불만을 품었던 모습과, 대꾸했던 모습과 너무나 똑같은 모습을 우리 딸들의 모습 안에서 발견을 하기 때문에 그렇습니다. 제 딸이거든요.

하나님께서 하나님의 형상과 모습대로 인간을 창조하셨다고 하는 것은 그런 의미예요. 하나님과 똑같이 닮은 존재로 우리를 만드셨다는 것이지요. 그래서 창조질서 안에 있는 인간은 참 행복한 존재였습니다.

창조주이신 하나님이 찾아오시면 그분을 높일 줄 알았고 그분과 교제할 줄 알았습니다. 그분과 교제하고 예배하면서 그 안에 참된 행복과 만족이 있었습니다. 그러나 창세기 3장으로 넘어가 보니 인간이 죄를 지으면서 모든 관계가 깨어졌고 그때부터 죽음과 해산의 고통이, 그때부터 노동의 수고가, 그때부터 모든 관계 단절과 아픔의 문제들이 찾아오기 시작한 것입니다.

여러분, 우리가 신앙생활하면서 당면한 현실적인 문제 때문에 예수님께 기도할 때가 많이 있죠? 우리가 하나님의 자녀라고 한다면 반드시 응답해 주십니다. 그러나 중요한 것은 그것 때문에 예수를 믿는 게 아니라는 거예요. 그것만이 예수님이 우리를 위해서 해줄 수 있는 일이 아니라는 것입니다. 예수님은 우리에게 닥친 현실적인 문제만을 해결하기 위해서 오신 분이 아니라는 것입니다. 예수님께서 이 땅에 오신 궁극적인 목적은 우리의 본질적인 죄의 문제를 해결하기 위해서 오셨습니다.

제가 한번 굉장히 아파본 적이 있습니다. 갑자기 배가 아파서 데굴데굴 구르기 시작했습니다. 그래서 하나님 앞에 기도하기 시작했습니다. '하나님, 배만 낳으면 살 것 같아요. 고쳐주세요.' 기도했더니 하나님께서 고쳐주셨어요. 그런데 5분도 안돼서 머리가 깨어지게 아픈 거 있죠. 그래서 또 기도했어요. '하나님, 이 머리만 낳으면 살 것 같아요.' 그런데 가만히 저를 돌아보니까 5분 전에는 배만 나으면 살 것 같다고 기도해 놓고 그 배를 낫게 해주니까 이번에는 머리만 낳으면 살 것 같다고 기도하는 거예요. 이런 내 모습을 보면서 '내가 이런 존재구나!'라고 하는 것을 깊게 깨달은 적이 있습니다. 말을 바꾸고 그것을 합리화시키는 내 모습 말입니다.

　우리는 내 죄를 대속해 주시고 구원해 주신 그 예수님 앞에 우리가 가지고 있는 현실적인 문제만을 가지고 나갈 수 있습니다. 그러나 주님은 십자가 위에서 우리가 가지고 있는 현실적인 문제도 해결해 주셨지만 궁극적인 것은 우리의 죄의 문제를 해결하시기 위해서 십자가를 지셨습니다. 이 죄의 문제가 해결되면, 얼마나 큰 기쁨이 있는지 모릅니다. 성경에 보면 복음이 외쳐진 곳에는 궁극적인 기쁨이 있었습니다. 그런데 예수님을 쫓아다녔던 많은 무리들은 그 궁극적인 예수님의 십자가의 의미를 알지 못했습니다. 오늘날에도 예수님을 이와 같이 믿는 사람들이 많이 있습니다. 단지 현실적인 문제를 해결받기 바라는 마음으로 예수를 믿고, 그 분이 내 삶의 구주와 주님이신 줄 지식적으로는 알지만 내 삶을 온전히 그분에게 의탁하지 못한 채 기회주의적인 신앙을 갖고 예수를 따라가는 사람도 많이 있다고 하는 것입니다. 그리고 그러한 신앙은 가장 어려운 환경에 처해있을 때에 하나님을 시험하게 됩니다. '하나님, 과연 당신이 하나님이시라면 이 상황을 뚫고 찾아오셔서 이 문제를 해결해 주십시오. 하나님, 만약 당신이 능력이 있으시다면 이 문제를 해결해주십시오.' 만약 우리가 그런 믿음으로 하나님 앞에 나왔다면 예수님을 쫓아다니던 그 많은 무리와 다를 바가 뭐가 있겠습니까? 그 무리도 3년 동안은 예수님을 절대적으로 쫓아 다녔습니다. 그러나 예수님께서 때리면 맞고, 조롱하면 조롱당하는 대로 처절하게 십자가를 지시는 그 과정 속에서 어느 누구도 예수님의 변호자가 되지 못했습니다. 어느 누구도 예수님을 대신해서 십자가를 지겠다고 나서는 사람이 없었다는 하는 겁니다.

그런데 본문을 보면 예수님이 십자가를 지고 올라가실 때 그 어느 누구도 예수님 앞에 나서는 사람이 없었는데 어디선가 한 무리의 여인들이 등장합니다. 누가만 그것을 기록하고 있어요. 가슴을 치고 울면서 예수님을 쫓아오는 거예요. 저는 굉장한 감동을 받았습니다. 그래도 예수님의 십자가 사건을 보면서 가슴을 치고 우는 무리들이 있었구나! 한편으로는 굉장히 반가웠습니다. 물론 저도 2000년을 거슬러 올라가서 그 자리에 있었다면 구경꾼이 되어 있을지도 모릅니다. 그러나 객관적인 입장에서 성경을 볼 때 너무나 마음이 아팠습니다. 왜 예수님 혼자 그 길을 가게 내버려 두느냐는 거예요. 같이 울고 같이 따라가면 안 될까요? 그래야 되는 것 아닙니까? 그러나 많은 사람들은 겁이 났는지도 모르죠. 제자들조차 겁이 나서 다 뿔뿔이 흩어진 길 아니겠습니까? 그런데 이 여인의 무리들이 가슴을 치며 예수님을 쫓아가기 시작하는 것입니다. 저는 호기심을 갖고 성경을 보기 시작했습니다. 그리고 너무나 감동을 받았는데 예수님은 어떻게 반응하셨을까요?

3) 십자가의 길은 사랑이 있는 길입니다

예수님은 당신이 지고 올라가서야할 십자가를 지지 못할 정도로 기력이 다하신 예수님이셨지만, 여인들의 눈물을 보고는 입을 열어 주셨습니다. 그것은 그 여인들을 향한 사랑의 표현이었습니다. 실제로 십자가를 지신 것도 인간을 사랑하기 때문이 아니겠습니까? 그렇기에 예수님은 도저히 말할 수 없는 상황에서 입을 열어 여인들에게 말씀하신 것입니다. 18절에 보니까, "예수께서 돌이켜 그들을 향하여 이르시되 예루살렘의 딸들아 나를 위하여 울지 말고 너희와 너희 자녀를 위하여 울라"라고 말씀해 주셨습니다.

저는 여기에 굉장히 중요한 사실 하나를 발견했습니다. 그것은 예수님이 당신을 만나려고 하는 사람들은 반드시 만나주신다는 사실입니다. 이미 언급했듯이, 십자가를 지고 가는 예수님을 만나려고 하는 사람들이 이 여인들을 제외하고는 거의 없었습니다. 도대체 예수님이 왜 십자가를 지고 가시는지, 그 십자가의 의미가 무엇인지 물어보는 사람도 없었어요. 모든 사람들이 구경꾼으로 전락해 버렸어요. 그러나 가슴을 치면서 눈물을 흘리며 예수님을 쫓아간다고 하는 것은 무엇을 의미합니까? 그 십자가의 의미는 다 알고 있지 못할지라도 예수님은 십자가를 지실 분이 아니라는 것이지요. '예수님은 죄인이 아닌데, 죄는 우리가 지었는데, 왜 예수님이 십자가를 지셔야 되십니까?'라며 의미로 가슴을 치고 울면서 예수님을 만나기를 원했던 여인들이었습니다.

여러분! 저는 이것이 굉장한 사건이라고 생각해요. 예수님은 엄살을 피우시는 분이 아니잖아요. 웬만하면 예수님이 십자가를 지고 가셨을 거예요. 그럼에도 불구하고 구레네 사람 시몬이 대신 지고 간 것은 그 정도로 기력이 떨어진 거죠. 한번 생각을 해보십시오. 밤새도록 먹지 못하고 잠도 자지 못하고, 끌려 다니는 곳곳마다 신문을 당하시고, 채찍을 맞으시고, 그 채찍에 온 몸이 갈기갈기 찢기신 그 몸을 가지고 십자가를 진다고 했을 때 얼마나 힘들었겠습니까? 건장한 남자라고 할지라도 도저히 십자가를 지고 갈수 없었기에 시몬이 대신 그 십자가를 지고 갈 수 밖에 없었던 것입니다. 그 상황이 되면 입조차 벌리기 힘든 거죠. 말 한마디조차 하기 힘든 상황이에요. 그럼에도 불구하고 예수님 때문에 눈물을 흘리며 쫓아오는 그 여인들을 향해서 예수님은 입을 열어주셨다고 하는 것입니다. 이것은 굉장한 배려이고 사랑입니다. 예수님은 도저히 입조차 뗄 수 없는 그런 상황에서 그들에게 말씀해주셨습니다. 그런데 더 놀라운 것은 이 여인들의 눈물에 예수님께서는 십자가의 궁극적인 의미를 대답해주셨다는 것입니다.

2. 십자가 복음의 의미

1) 십자가는 예수님 위해 울어야 할 십자가가 아닙니다

"예루살렘의 딸들아 나를 위하여 울지 말고 너희와 너희 자녀를 위해 울라" 어떻게 보면 참 이해가 되지 않는 구절입니다. 예수님이 그 여인들을 향해서 '괜찮다. 울지 말아라.' 이 정도만 해도 감동이 있는 거 아니겠습니까? 그런데 예수님은 그 짧은 시간에 짧은 말이지만 십자가의 완전한 의미를 그들에게 가르쳐 주셨습니다. 그렇다면 예수님께서 가르쳐 주신 십자가의 궁극적인 의미는 무엇입니까?

첫째, 이 십자가의 궁극적인 의미는 예수님을 위해서 울 십자가가 아니라고 하는 것입니다. 예수님은 왜 자신을 향해서 가슴을 치며 울며 따라오는 여인들에게 자신을 위하여 울지 말라고 말씀하셨을까요? 그 의미는 여러 가지로 살펴볼 수 있습니다. 유대인의 법에 의하면 형벌 받을 자를 위해서는 울면 안 됩니다. 그래서 예수님께서는 나를 위해서 울지 말라고 얘기해 주셨을 수도 있습니다. 그러므로 여인들의 눈물은 오히려 예수님께서 형벌 받을 자가 아니라는 사실을 반증하는 것일 수 있습니다.

또 한편으로는, 예수님께서 자신을 위해 울지 말라고 한 것은 지금은 죽지만 죽음으로 모든 것이 끝나는 것이 아니라 다시 부활하실 것을 암시해 주는 말일 수도 있습니다. 그러나 저는 그 궁극적인 의미를 십자가 안에서 풀고 싶습니다. 예수님은 자신의 생애에 있어서 클라이막스인 십자가 사건 안에서 자신을 향해 눈물을 흘리면서 가슴을 치며 쫓아오는 그 여인들에게 이 십자가의 본질적인 의미를 가르쳐주고 싶으셨던 것 같습니다.

한번 사람을 감동시키고, 한번 그 사람을 위로하는 일은 어떻게 보면 의미가 있을지 모르지만 그 감동과 눈물은 한번으로 끝날 수 있습니다. '예수님이 누구를 위해서 죽으셨습니까?' 라고 묻는다면 '나를 위해서'라고 얘기할 수 있습니다. 그러나 제가 여러분들에게 묻고 싶은 것은 나를 위해 죽어 주신 예수님을 위해서 얼마나 많이 울어 보셨는가 하는 질문입니다. 예수님을 위해서 우리의 신앙이 아무리 뜨겁다 할지라고 매일 울 수는 없는 것 아니겠습니까? 아무리 효자라고 할지라도 부모님이 돌아가시면 그 돌아가신 부모님 때문에 평생을 우는 사람은 없습니다. 이것이 우리 인간이에요. 이 한계를 주님이 아십니다. 예수님 때문에 평생을 울 수 있으면 좋겠지만 예수님의 십자가 때문에 흘리는 눈물은 한 번, 두 번으로 끝나버릴 수 있다는 것이지요. 그러나 예수님이 지시는 십자가 사건은 슬픈 감정 때문에 한 두 번 울고 감격해서 끝낼 사건이 아니라는 것입니다.

2) 십자가는 나를 위해 울며, 나를 구원케 하는 도구입니다
십자가는 나를 위해서 울어야 할 십자가이며, 그 눈물을 통해 나를 구원해야 할 십자가입니다. 예수님은 그것을 말씀해주십니다. "너희를 위해서 울라" 여러분! 이것이 십자가의 궁극적인 의미입니다. 그 의미는 다음과 같습니다. '지금은 비록 의로운 분노를 가지고 예수님의 죄 없음을 변호하면서 예수님 때문에 가슴을 치며 울면서 따라가고 있지만, 상황이 뒤바뀌고 환경이 어려워지고 힘들면 또 다시 배신할 수 있는 너희들, 나를 따른다고 하지만 이익을 따지면서 철저하게 주님 앞에 굴복하지 못하는 너희들, 그리고 아무리 예수님을 사랑한다고 하지만 아직 다듬어지지 않은 죄성을 가지고 살아가는 너희들, 그러한 너희들 때문에 예수께서 십자가를 진다'고 하는 것이죠. 그렇기 때문에 우리가 분명히 알아야 될 것이 있습니다. 그것은 십자가를 바라볼 때마다 십자가 위에서 죽으신 예수님을 먼저 떠올려야 하지만, 동시에 그 예수님께서 우리에게 하신 말씀을 기억해야 합니다. 그 십자가는 예수님을 위해서 울어야 할 십자가가 아닙니다. 바로 나를 위해서 지속적으로 울어야 할 십자가라는 말입니다.

예수님은 이미 십자가에서 죽으심으로 우리의 모든 죄를 용서하셨고, 우리의 모든 문제를 그 위에서 다 해결해 놓으셨습니다. 우리가 그 예수님을 믿음으로 구원받지 않았습니까? 그런데 중요한 것은, 구원 받은 후에도 그 십자가를 바라보면서 계속해서 울어야 합니다. 왜 그렇습니까? 아직도 온전히 순종하지 못하는 나, 아직도 주님이 원하시는 대로 살아가지 못하는 나, 아직도 세상에 한 발을, 그리고 주님 앞에 한 발 들여놓은 나, 아직도 문제가 생길 때마다 어떤 것이 유익인지 먼저 생각하는 나, 그러한 나를 바라보며 지속적으로 울어야 한다는 것입니다. 그때 그러한 우리의 연약함과 죄가 없어지고 용서받아 완전하게 되어가는 것입니다. 이것이 십자가를 붙잡고 울면서 경험할 수 있는 삶 속에서의 구원입니다.

우리 예수님께서는 이 모든 것을 아시고 십자가에 죽으셨습니다. 십자가는 한번 일회적으로 우리에게 구원을 주고 끝나는 도구가 아닙니다. 예수님께서 그 십자가 위에서 '다 이루셨다'라고 하는 것은 전인적인 치료를 그 위에서 다 이루어 놓으셨다는 말입니다. 여러분, 그래서 예수님이 그 짧은 시간 안에 여인들에게 말씀해 주신 것입니다. '애들아, 나를 위해서 울어줘서 고맙다. 많은 사람들이 방관자로 전락해 있지만 그래도 나를 위해서 가슴을 치면서 이렇게 쫓아와 주어서 고맙다. 그러나 이 십자가는 나 때문에 한번 울고 끝내는 그런 십자가가 아니다. 너희들이 십자가를 볼 때마다 울어야 되는데, 그것은 변화되지 않은 너희 자신 때문이다'는 것입니다.

저는 독자 여러분들께 강력하게 권하고 싶습니다. '십자가 앞으로 날마다 나오셔야 합니다!' 십자가는 구원 받을 때 한번 나와야 되는 도구가 아니라는 거예요. 우리 선조들은 그런 찬양 많이 불렀잖아요. '내가 매일 십자가 앞에 더 가까이 가오니 구세주의 흘린 보배 피로써 나를 정케 하소서' 요즘 잘 안 부르시더라고요. 부담되시나 봐요. 못 나오니까! 이 찬양의 가사를 쓴 사람은 십자가의 궁극적인 의미를 아는 거죠.

구원받은 사람도 죄를 짓지 않습니까? 로마서 6장을 보십시오. "너희의 몸을 의의 병기로 드리라"고 했어요. 아무리 구원받았어도 우리의 몸을 죄에게 드리면 죄가 우리를 주관해서 죄의 종이 된다고 하는 거예요. 그래서 사도바울은 구원받은 자도 우리의 몸을 누구에게 드리느냐에 따라서 의의 종이 되든지 아니면 죄의 종이 될 수 있다고 하는 것을 가르쳐 주고 있지 않습니까? 예수님은 짧은 시간 안에 이것을 말씀해 주시고 계시는 거예요. 너희의 부족함을, 너희의 연약함을, 아직도 고쳐지지 못한 모습들, 주님 뜻대로 살아야 되는데 그렇게 살아가지 못하는 모습을, 십자가를 바라보면서 날마다 자복하고 회개하라고 하는 것이지요. 여러분! 부담되시죠? 그런데 중요한 것은, 이 십자가 앞에 나와서 그렇게 나의 못난 모습들과 죄 된 모습들을 내려놓고 울 수 있다고 한다면 그때 하나님이 일하십니다.

여러분! 그 십자가의 공로 없이 살아갈 수 있다는 자체가 기적 아닙니까? 예수 믿고 하나님의 자녀가 되었는데 세상 속에 살아가면서 하나님이 주시는 은혜 없이 살아갈 수 있다는 그 자체가 기적이 아니겠습니까? 하나님이 주시는 힘이 아니면, 은혜가 아니면, 공로가 아니면 한순간도 살아갈 수 없다고 고백할 수 있어야 되는 것이 우리의 모습 아니겠습니까? 그렇기에 울면서 가슴을 치면서 쫓아오는 여인들을 향해서 말씀해 주시는 것입니다. "예루살렘의 딸들아 나를 위해서 울지 말고 너희 자신을 위해서 울라"는 것입니다.

저는 신학대학원 5차 학기 때 스승을 만나 머릿속에만 있던 복음이 가슴으로 내려와 한 학기 동안 울면서 학교를 다녔습니다. 그리고 그 십자가 복음을 더 깊게 알 수 있다면 내 모든 일생을 다 바쳐서 복음에 헌신하겠다고 결심했습니다. 그래서 유학도 포기하고 스승 밑에서 훈련 받기로 했습니다. 훈련을 받으며 여러 가지 어려운 일들이 생기기도 했는데, 한번은 스승이 개척한 교회에서 함께 사역하고 있다가 여러 가지 사정으로 스승이 사표를 내고 나가셨어요. 그래서 저도 사표를 냈습니다.

새로운 목사님이 목회를 하시는데 도움이 되기 위해서 부교역자들이 모두 사표를 낸 것이지요. 사표를 내고 보니까 12월이었습니다. 제가 그때 수입이라고 하는 것이 파트타임 전도사 사례비와 시간강사로 대학에서 강의하고 받는 것뿐인데, 12월에 사표를 내고 보니 교회에서 들어오는 것도 끊어지고 방학이라 강의도 없고 가만히 보니까 백수더라고요. 어린 딸들 셋이 나만 바라보고 있는데 어떻게 할지 막막했습니다. 그래서 고민하던 중 하나님은 제가 학생들에게 가르치고 훈련시켰던 내용이 생각나게 하셨습니다. 그것은 인생의 문제가 생기고 어려움을 만날 때 먼저 머리를 굴리지 말고 하나님이 응답하실 때까지 움직이지 말며 먼저 기도하라는 것이었습니다. 그런데 하나님께서는 제 마음속으로 '이제는 네 차례다. 네가 그렇게 해야 될 시간이다'라고 가르쳐 주셔서 '아멘!'하고 순종했습니다.

12월에 사표를 낸 순간부터 집에서 세 딸과 함께 놀아주면서 저녁마다 예배드리고 같이 기도하기 시작했습니다. 늘 바쁘던 아빠가 집에서 자기들이랑 같이 있어 주니 딸들은 얼마나 좋아하는지 몰라요. 그런데 그 딸들의 웃는 모습이 더 상처가 되었습니다. 저 웃는 얼굴에 내가 어떤 맛있는 것을 사줄 수 있나?, 예쁜 옷을 사줄 수 있나?, 나는 돈이 없는 백수와 같은 처지인데… 그냥 눈물이 너무너무 나는 거 있죠. 그래도 하나님 앞에 약속한 것은 있고 헌신한 것은 있으니까 계속 기도해야 되잖아요. 그래서 저녁마다 예배를 드리고 마지막 폐회 송으로 '하나님은 너를 지키시는 자'를 아이들과 함께 불렀습니다. 폐회 송을 부를 때는 아이들 셋을 제 품에 꼭 안았습니다. 도저히 눈물이 나서 아이들을 쳐다보고 부를 수가 없어서 그렇게 끌어 앉고 울면서 그 찬양을 불렀습니다. '하나님, 나는 배고파도 힘들어도 괜찮아요. 그런데 이 딸들은 하나님이 주셨으니까 하나님이 책임지세요. 먹을 것도 주시고, 입을 것도 주세요.'

저는 일주일 정도 기도하면 응답이 있을 줄 알았어요. 그런데 다른 응답은 없고, 기도하면서 제 모습을 더 보게 하셨습니다. 그 동안 강의하면서, 집회 다니면서 가르쳐 왔지만 그 가운데 제 삶이 따라가지 못했던 것들을 십자가 앞에서 다 드러나게 하시고 회개하게 하시고 나를 다 들어 가시더라구요. 그것도 다 좋긴 한데 아무런 응답이 없었습니다. 그래서 일주일을 더 기도했습니다. 2주되면 응답이 있겠지! 그런데 없어요. 3주되면 응답이 있겠지! 없어요. 한 달 되면 응답해 주시겠지!

여러분, 다섯 식구가 사는데 한 달 동안 응답이 없으면 어떻게 살아요? 그런데 하나님이 살게 해주셨습니다. 신명기 8장을 보면 '내가 광야에서 너희를 40년 동안 그렇게 훈련시킨 것은 너희를 낮추고 너희를 시험하여 너희들이 나에게 복종하나 안하나 보기 위함이었다. 그런데 그동안 너희 발이 부르트지 않았고, 너희 의복이 헤어지지 않았다. 그리고 만나를 먹임으로 사람이 떡으로만 살아가는 것이 아니라 하나님의 말씀으로 살아가는 존재임을 가르쳐 주었다.'라는 말씀이 있습니다. 그렇게 한 달을 사는데, 하나님께서는 놀랍게도 꼭 필요한 것은 시간에 맞춰서 공급해 주셨습니다. 그렇게 한 달을 살아보니까 배짱이 생기더라구요. '3월이 되면 학교가 개강하고 강의를 나갈 수 있으니까 그때까지 기도해야겠다.' 그런 마음이 들어 한 달이 지나고 난 다음에는 마음 편하게 십자가 앞에 나를 내어놓고 마음 편히 우는 시간들이 늘어나기 시작했습니다.

12월에도 울고, 1월에도 울고, 그렇게 2월 중순쯤 되니 하나님의 응답이 오기 시작했습니다. 온누리 교회에서 저희 아내를 영아부 전도사로 오라고 초빙이 들어온 것입니다. 저희 아내도 신학대학원을 나왔는데, 저희 아이들이 어려서 사역은 하지 않고 아이들만 키웠거든요. 그런데 이러한 제안이 들어 온 것은 기적이에요. 일단 교단이 다르고 그 교회에서 우리 아내를 아는 사람이 거의 없어요. 우리 아내가 그렇게 유명하지가 않거든요. 그런데 그 쪽에서 몇 사람을 거쳐 저희 아내를 초빙한 것입니다.

그래서 기도하다가 저희 스승에게 여쭤봤습니다. 제 스승되시는 목사님도 저를 위해 기도를 많이 하고 계셨는데 하나님께서 길을 열어주시는 것 같다고 하시면서, '하나님이 십자가 앞에서 울고 기도하게 하시고 나서는 대나무가 매듭을 짓듯이 신앙의 한 매듭을 짓고 그 매듭을 지은 경험을 나누게 하신다'고 가르쳐 주셨습니다. 인간이 할 수 없는 초월적인 일들이 일어났을 때는 그것이 하나님의 뜻일 수 있으니 아내를 보내라고 하셨습니다. 그래서 제가 믿음으로 '아멘!' 하고 보냈습니다. 그리고 얼마 지나고 나서 또 응답이 왔습니다. 갑자기 스케줄을 짜도 어려울 정도로 집회 요청이 한꺼번에 들어오기 시작한 것입니다. 지난 두 달 반 동안 한 번도 들어오지 않았던 집회 요청이 쇄도하기에 또 스승 목사님께 여쭤봤습니다. 스승 목사님은, '하나님이 우리를 성숙시키시기 위하여 모든 것을 철두철미하게 막는 시간이 있는데 그 시간 동안에 인내하고 기다리면서 기도하면 매듭을 짓고 나서는 그것을 전하게끔 길을 여신다'고 가르쳐 주셨습니다. 그러니까 마음 놓고 가서 복음을 전하라고 하셔서 2월 말에서 3월 초까지 신나게 복음을 전하는데, 예전에 집회했던 것과는 전혀 달랐습니다. 성령께서 얼마나 강하게 역사하시는지 집회하면서 제가 은혜를 받았습니다. 그러더니 3월쯤 되니까, 강의를 위해서 다른 어떤 대학교도 찾아가지 않았는데 여기저기에서 전도학을 강의해 달라고 요청이 들어오기 시작했습니다. 우리 하나님은 역시 기가 막히더라구요! 그래서 3월이 되자 서로가 너무 바빠지기 시작했습니다.

결국 우리 막내아이까지 놀이방에 맡겨야 될 상황이 되었습니다. 기도하는 가운데 믿음이 좋은 원장님이 하는 놀이방이 있어서 맡기게 되었습니다. 세 살밖에 안된 아이를 맡기려니 참 마음이 아팠습니다. 누구든지 먼저 오면 막내를 데려오기로 했는데, 한번은 제가 먼저 와서 그 원장님을 찾아갔어요. 원장님은 세 살짜리 우리 아이가 다섯, 여섯 살짜리 아이들보다 손이 덜 간다고 하시면서 놀이방에 오면 아주 잘 논다고 이야기 해 주셨습니다.

그렇게 잘 노는 아이가 너무 신기해서 하루는 원장님이 우리 아이를 가만히 살펴보셨다는 것입니다. 그런데 세 살 된 우리 아이가 저녁마다 예배드리며 폐회 송으로 불렀던 그 찬양의 가사를 다 외워서 부르고 있더라는 것입니다. 원장님은 그 노래를 들으며 우셨다고 말씀해 주셨습니다. 저 역시 원장님의 그 이야기를 들으며 눈물이 나왔습니다. '하나님, 감사합니다. 두 달 반 동안은 내가 죽는 시간이었습니다. 너무나 힘들었습니다. 그런데 하나님께 순종했더니 우리 가정을 위해 하신 일이 너무나 많군요.' 제가 인위적으로 딸들을 그렇게 교육할 수 있었겠습니까? 3살짜리 아이에게 그 가사를 다 외우게 할 수 있었겠습니까? 인위적으로 아내에게 그 길을 열게 할 수 있었겠습니까? 인위적으로 제가 다른 학교에 강의를 나갈 수 있었겠습니까? 하나님! 너무나 많은 일을 하셨습니다.

나는 두 달 반 동안 그 십자가 앞에 나가서 죽는 연습을 했는데 그것은 나를 위한 일이었는데, 나를 위한 일이었음에도 불구하고 나와 우리 가정을 너무나 많이 축복하셨습니다. 제가 그때 얼마나 많이 울었는지 모릅니다.

여러분, 오늘 예수님이 '예루살렘의 딸들아 나를 위해서 울지 말고 너희 자신을 위해서 울라'고 하는 말은 바로 이런 말입니다. 십자가 앞에 나와서 나의 부족함, 나의 연약함, 고쳐져야 되는데 고치지 못한 나의 모습, 세상적인 모습, 인간적인 잘못된 기질, 그 모든 것들을 내려놓고 내가 울 수 있어야 된다고 하는 것입니다. 그 앞에 나와서 울 수만 있으면 주님께서는 이미 그 십자가 위에서 모든 문제를 다 해결해 놓으셨기에 나를 변화시켜 주신다는 겁니다. 나도 변화시키시지만 그 일을 통해서 내 주변에 있는 사람들에게 영적인 영향력이 흘러갈 수 있도록 만들어 놓으신다는 것입니다. 여러분, 이것이 바로 십자가의 궁극적인 의미입니다.

3) 십자가는 가족을 위해 울어 가족을 구원케 하는 도구입니다.
또 예수님은 "너희 자녀를 위해서 울라"고 하셨습니다. 적어도 저는 다음과 같이 생각합니다. 여인들은 가슴을 치고 울면서 예수님을 쫓아갔지만, 그 자녀들은 예수님이 누구인지 알지 못했던 자들일 수 있습니다. 왜 자녀들을 위해 울어야 합니까? 예수님을 알지 못하는 이들에게는 심판이 있기 때문에 그렇습니다. 성경을 보십시오. 29절부터 31절까지 심판에 대해 이야기 하고 있습니다.

"보라 날이 이르면 사람이 말하기를 잉태하지 못하는 이와 해산하지 못한 배와 먹이지 못한 젖이 복이 있도다 하리라 그때 사람이 산들을 대하여 우리위에 무너지라 하며 작은 산들에 대하여 우리를 덮으라 하리라 푸른 나무에도 이같이 하거든 마른 나무에는 어떻게 되리요 하시니라"

예수님께서는 그 힘든 상황 속에서도 십자가의 궁극적인 의미를 말씀해 주시면서 만약에 너희들이 너희 자녀들을 위해서 울지 못한다고 한다면 그 자녀들이 처할 운명이 어떤 것인지 가르쳐 주시고 있습니다. 물론 이 예언은 당장 일어날 예루살렘의 멸망을 말하고 있지만 궁극적으로는 마지막 날에 있을 그 심판을 상징한다고도 볼 수 있습니다.

그 당시 구약적인 관습에 살고 있었던 사람들은 아이가 많고, 젖이 잘 나오고, 해산하는 사람은 축복받은 자라고 생각했는데 그 심판이 얼마나 무서운지 사람들이 갖고 있는 가치관을 완전히 뒤바꾸어 놓는 사건이 일어난다는 것입니다. 가슴을 찢어가며 자식이 죽어가는 모습을 보지 않을 수 없기에 오히려 자식이 없는 사람들이 복되다는 것입니다. 해산하지 못한 배와 물리지 않는 젖이 복이 있다고 느낄 만큼 하나님의 심판이 무섭고 하나님의 심판은 반드시 있다고 하는 것입니다. 또한 호세아 10장의 말씀을 그대로 인용하며 사람들이 산들에게 우리 위에 무너지라 하며 작은 산들을 대하여 우리를 덮으라 하리라고 한다는 것입니다. 그 심판이 얼마나 무서운지 차라리 내 앞에 있는 산이 나를 향해 무너져서 나를 뒤엎었으면 좋겠다고 고백할 정도로 하나님의 심판이 무섭다고 하는 겁니다.

이 심판은 무엇에 대한 심판입니까? 죄에 대한 심판입니다. 분명히 기억하십시오! 죄는 이처럼 무서운 것입니다. 하나님은 이처럼 죄를 싫어하십니다. 그래서 죄를 용서해 주시기 위해 그 아들을 보내셔서 십자가를 지심으로 우리가 받아야 될 그 모든 형벌을 예수께서 받게 하심으로 우리를 심판에서 구원하셨습니다. 이것이 십자가의 궁극적인 의미라고 하는 겁니다. 그러나 이 사실을 알지 못하는 자녀들을 위해서 부모가 해야 할일이 무엇입니까? 머리채를 잡고 귀를 끌고 교회에 데리고 나오는 것은 소용없습니다. 어떻게 해야 합니까? 울어야 합니다.

'하나님, 내가 사랑하는 아들, 딸이 십자가의 의미를 알게 해 주세요. 인간의 궁극적인 목적은 내가 당한 현실적인 문제를 풀어 나가는데 있지 않고 온전히 내 죄의 문제가 해결되는데 있다는 것을 깨달아 알 수 있도록 해주세요.'

그렇게 날마다 울어야 된다는 것입니다. 그것을 위해서 예수님이 십자가를 지셨기 때문에 그렇습니다. 여러분, 예수님이 얼마나 중요한 얘기를 해주셨는지 모릅니다. 짧은 시간에 가슴을 치며 울며 따라오는 그 여인들을 향해서 예수님은 십자가의 비밀을 가르쳐 주셨습니다. 적어도 예수님 때문에 울어본 자들에게 가르쳐 주셨습니다. 예수를 만나려고 노력했던 여인들에게 그 비밀을 입을 열어서 가르쳐 주셨습니다. 가만히 있는데 들리는 것이 아닙니다. 이번 기회에 십자가에 담겨있는 놀라운 비밀들을 경험하기를 간절히 소망할 수 있기를 원합니다. 그때 주님께서 경험케 해 주실 것입니다

마무리

　　여러분을 그 십자가 앞으로 초대합니다! 십자가 복음의 궁극적인 의미는 예수님을 위해서 우는 십자가가 아닙니다. 한번 울고 말 십자가가 아니라는 것입니다. 변화되지 않는 나, 예수 믿은 지 오래 되었어도 아직도 죄가 떨치지 못하는 나를 바라보면서 울어야 될 십자가라는 것입니다. 그렇게 울면서 십자가 앞에 나올 때 예수님께서는 나를 회복시켜 주시는 것입니다. 나만 회복시키는 것이 아니라 회복된 나를 통해서 회복된 영적인 영향력이 흘러 갈 수 있도록 해주십니다.

　　그리고 십자가의 궁극적인 의미를 안다고 한다면 이제는 구원받지 못한 가족을 위해서 울어야 합니다. 내일은 우리의 시간이 아니잖아요. 오는 것은 순서 있게 와도 가는 것은 순서가 없어요. 제가 정말 여러분들에게 호소하고 싶은 것은 내일이 우리의 시간이라고 생각하지 마십시오. 마냥 시간이 있다고 생각하지 마세요. 주님께서 그 복음의 진정한 의미를 가르쳐 주셨을 때가 바로 가족을 위해서 울 때입니다. 그리고 복음을 전할 때입니다. 아직 전하지 않았는데 하나님이 그 생명을 데려가시면 얼마나 마음이 아프겠습니까? 여러분! 내일은 절대로 우리의 시간이 아닙니다. 십자가를 바라보면서 반드시 떠올려야 될 대상이 있습니다. 구원받지 못한 내 가족입니다. 그들을 위해서 울어야 합니다. 그들을 위해서 울 수 있는 사람은 구원받은 나 밖에 없습니다. 오늘 예수님께서 전해주신 이 놀라운 십자가 복음의 진정한 의미가 여러분 마음속에 깊게 새겨질 수 있기를 원합니다. 십자가는 진정한 구원의 통로입니다.

마무리를 위해서 다시 생각하고 토의할 문제들

1 십자가의 길이 외롭고 고독한 길인 이유를 말해보세요.

2 십자가의 길이 눈물의 길인 이유를 말해보세요.

3 십자가의 길이 사랑의 길인 이유를 말해보세요.

4 왜 예수님은 십자가에서 죽으실 자신을 위해서 울지 말라고 말씀해 주셨을까요?

5 십자가를 바라보며 울어야 할 대상은 누구입니까? 왜 그렇습니까?

6 나는 십자가 앞에서 무엇 때문에, 왜 울어야 하나요?

7 나는 십자가를 바라보며 구원받지 못한 영혼들 때문에 울 수 있는 마음이 있는 사람입니까?

Chapter 07. 회복의 통로로서의 십자가
– 십자가 복음의 목적

주제를 풀어갈 성경본문
출애굽기 17장 1~7절, 이사야 53장 5절

주제를 풀어갈 글의 개요

[들어가면서]
본문의 정황과 배경

[본론]
1. 므리바에서 물을 낸 반석 - 십자가 사건의 예표
2. 문제만 생기면 원망하는 불완전한 믿음 - 십자가가 필요한 이유
3. 미련해 보이는 해결 방법 - 십자가에 담겨 있는 하나님의 지혜
4. 반석에서 물이 나옴 - 십자가 안에 있는 능력
5. 전인적인 회복 - 십자가 복음의 궁극적 목적

[마무리] – 요약과 적용

RETURN TO THE GOSPEL

| 들어가면서 |

구원이라고 하는 단어는 매우 포괄적인 단어입니다. 보통 구원이라고 하면 세상에 있던 사람들이 예수 앞에 나와서 예수님의 보혈로 용서 받고 하나님의 자녀가 되는 것이라고 생각합니다. 물론 맞는 말입니다. 그러나 그것만이 구원이 아닙니다. 성경에 보면 "너희 구원을 이루라(빌 2:12)"는 말씀이 있는데, 이는 구원 받은 성도들이 이 땅을 살아가면서 겪게 되는 많은 문제로부터 해결되는 삶의 구원을 의미합니다. 이미 구원 받은 성도들은 날마다 십자가를 의지하며 나아갈 때 내 삶에 있는 모든 문제들 속에서 삶의 구원을 경험해 갈 수 있습니다.

그렇다면 십자가 복음의 궁극적인 목적은 무엇일까요? 그것은 죄로부터의 구원이며, 이 땅을 살면서 겪게 될 문에서의 해방이며, 구원받은 모든 사람들이 창조질서 안으로 온전히 회복되는 일입니다. 그 모든 일들이 십자가 안에서 가능합니다. 십자가 안에는 하나님의 자녀 된 자들이 겪게 되는 문제들을 해결하는 능력만이 담겨 있는 것이 아닙니다. 전인적인 회복의 능력이 그 안에 있습니다. 그런데 많은 그리스도인들이 그렇게 생각하지 못하기에, 신앙이 성장하지 못하고 다람쥐 쳇바퀴 돌듯, 문제가 있을 때만 십자가 앞에 나와 울면서 기도하여 해결 받고 끝내는 경우가 많이 있습니다. 물론 문제가 있을 때도 하나님 앞에 나오지 않는 분들이 있는데, 문제가 있을 때에 십자가 앞에 나와 해결 받는 믿음은 귀한 믿음이라고 생각합니다. 그러나 우리는 한 걸음 더 나아가 십자가의 궁극적인 목적을 알고 경험해 나아가야 합니다. 그 목적을 알고 신앙생활을 할 때 우리의 신앙이 온전하게 성장할 수 있기 때문입니다.

교회가 세워진 것은 십자가 복음 때문입니다. 초대 교회가 틀을 잡고 기초를 세우고 뿌리를 내릴 수 있게 만든 것은 사도 바울이라고 신학자들은 이야기합니다. 그런데 우리가 주목해야 할 것은 교회의 기초를 놓았던 사도 바울이 가는 곳곳마다 전했던 것은 바로 복음의 핵심인 예수 그리스도의 십자가와 부활이었다는 것입니다. 그러므로 이 십자가와 부활이 사라진 곳, 복음이 강조되지 않는 곳, 십자가의 복음이 날마다 선포되어서 믿을 수 있도록 만들어주지 못한 기독교는 힘과 능력을 잃어버리고 무능력한 기독교가 될 수밖에 없는 것입니다. 그러나 오늘날에도 초대교회처럼 십자가의 복음의 의미가 들려지고, 십자가의 복음의 목적이 강조되고, 그것을 믿고 따라가려는 성도들이 있는 교회라면 그 교회는 초대교회와 같은 놀라운 역사를 재현할 수 있음을 알아야 합니다. 저는 이 글을 읽는 여러분들을 통해 초대교회의 놀라운 성령의 역사와 하나님의 일하심이 재현될 수 있기를 바랍니다.

1. 므리바에서 물을 낸 반석 – 십자가 사건의 예표

'십자가'라고 하는 것이 너무나 중요한 성경의 핵심이기에 구약 성경 안에 십자가를 예표하는 사건들이 많이 있습니다. 일반적으로 신약성경은 예수님께서 이 땅에 오셔서 십자가를 지시고 부활하신 후 승천하신 행적이 기록되어 있는 반면, 구약성경에는 십자가 사건을 예표한 사건과 그 십자가의 목적과 의미를 분명히 담고 있는 구절들이 많이 있습니다. 지금부터 살펴 볼 출애굽기의 말씀 또한 그러한 구절 중의 하나입니다.

출애굽기 17장의 내용은 우리가 너무나 잘 알고 있는 내용입니다. 이스라엘 백성들이 광야를 통과하다가 물이 없어서 하나님을 원망하는데, 하나님께서는 모세를 통해 바위를 쳐서 물을 나오게 하는 놀라운 사건을 만드십니다. 많은 사람들은 이 사건을 단순히 물이 나온 사건으로만 알고 있는 반면, 사도 바울은 이 사건을 십자가 사건으로 풀고 있습니다. 바로 고린도전서 10장 1절부터 4절까지의 말씀이 그것입니다. "형제들아 나는 너희가 알지 못하기를 원하지 아니하노니 우리 조상들이 다 구름 아래에 있고 바다 가운데로 지나며 모세에게 속하여 다 구름과 바다에서 세례를 받고 다 같은 신령한 음식을 먹으며 다 같은 신령한 음료를 마셨으니 이는 그들을 따르는 신령한 반석으로부터 마셨으매 그 반석은 곧 그리스도시라"

이 짧은 구절 속에 사도 바울은 이스라엘 백성의 40년 광야생활을 압축해 놓고 있습니다. 그런데 사도 바울은 이스라엘 백성이 40년 동안 광야를 다니면서 신령한 음식과 음료를 먹었다고 말을 합니다. 그들이 먹었던 음식은 만나와 물이었는데 왜 그 앞에 '신령한'이란 수식어가 붙었을까요?

출애굽기나 민수기에서는 하나님이 만나를 먹이신 이유가 '그 백성들이 먹을 것이 없어서 하나님을 원망했을 때 만나를 먹이셨다'라고 나옵니다. 그런데 신명기에서는 "만나를 네게 먹이신 것은 사람이 떡으로만 사는 것이 아니요 여호와의 입에서 나오는 모든 말씀으로 사는 줄을 네가 알게 하려 하심이니라(신 8:3)"라고 기록하고 있습니다. 결국 하나님이 주신 만나는 그냥 먹고 살기 위해 주신 음식이 아니라 이 음식을 통해 이스라엘 백성들은 '아! 하나님의 말씀이 있어야 사는구나! 하나님이 말씀하시면, 하나님이 역사하시면, 하나님이 일하시면 되는구나!'라는 것을 배웠다는 것입니다. 그래서 사도 바울은 그 모든 사실을 깨닫고 고린도전서에서 그들이 신령한 음식을 먹었다고 말하고 있는 것입니다.

신령한 음료 역시 단순히 목이 마르기 때문에 그들에게 주어진 물이 아니었습니다. 그들에게 물을 내었던 반석은 하나의 예표였는데, 그 반석은 '예수님'이라고 하는 것입니다. 모세가 지팡이를 들어 반석을 쳐서 반석에서 물이 나왔고, 그로 인해 이스라엘 백성들이 갈증을 해소할 수 있었지만, 이 사건을 통해 하나님께서 가르쳐 주고 계신 것은 바로 '예수 그리스도의 십자가'입니다. 예수 그리스도의 십자가 죽음과 그 죽음을 통해 나오는 예수님의 보혈로 인해 많은 사람들이 생명을 얻게 될 것을 이 사건 안에서 예표하고 계신 것입니다. 그들이 마신 음료가 신령한 음료인 이유가 여기에 있는 것입니다. 그렇기에 출애굽기 17장 1-7절의 내용은 단순히 목마름으로 인해 하나님을 원망하던 이스라엘 백성들의 소리를 들으시고 어떤 바위를 쳐서 물을 주시고 끝낸 사건이 아닙니다. 이 사건에는 십자가 복음의 목적이 분명히 담겨져 있는 구절입니다.

2. 문제만 생기면 원망하는 불완전한 믿음 – 십자가가 필요한 이유

이스라엘 백성은 출애굽을 경험한 후 하나님의 말씀대로 광야를 행진하고 있었습니다. 그런데 우리가 알고 있다시피 이 광야에는 먹을 것이 아무것도 없었습니다. 그들은 논이나 밭, 열매가 가득한 과수원을 지나 행진한 것이 아니었습니다. 마른 땅과 모래, 전갈과 뱀과 끝없는 원수들의 위협이 도사리고 있는 광야의 길을 지나고 있었습니다. 그러므로 그들은 양식과 물을 얻을 길이 없었습니다. 학자들의 견해에 의하며 출애굽을 한 이스라엘 백성의 숫자가 장정만 60만 명이라고 할 때 어린이와 여성, 노약자까지 다 계산하게 되면 거의 120만 명이 넘는다고 합니다. 물도 없고 먹을 것도 없는데도 불구하고 이 120만 명이 넘는 사람들이 하나님의 말씀을 따라 광야로 간다고 하는 것은 대단한 믿음인 것입니다. 믿음없이는 120만 명이 되는 사람들이 광야로 갈 수가 없었겠죠. 그렇다면 이스라엘 백성들이 가지고 있었던 믿음은 어떤 믿음이었고 이들의 믿음은 어디서 생겨난 것일까요?

이 믿음은 그들이 출애굽 하기 전, 하나님께서 모세를 보내어 애굽에서 행하셨던 10가지 재앙과 출애굽 후 홍해를 가르시는 하나님의 기적들, 그 외에도 여러 가지 기적들을 보면서 생겨나게 된 것이었습니다. 한번 생각해 보십시오! 도저히 인간이 할 수 없는 일을 하나님께서 세우신 사람을 통해서 행하실 때 그 일을 내 눈으로 목도했는데 그 속에서 어떻게 믿음을 갖지 않을 수 있겠습니까? 그건 당연한 것입니다. 그렇게 많은 사람들이 나올 수 있었던 것도, 광야를 행진할 수 있었던 것도 하나님께서 그들 가운데 행하시는 일들을 바라보며 그들이 가졌던 믿음 때문입니다.

그런데 이 믿음은 완전한 믿음이 아니었습니다. 왜냐하면 출애굽기를 자세히 보면 알 수 있지만 이스라엘 백성들이 가지고 있었던 믿음은 단지 보고 경험한 것을 기초로 한 믿음이었기 때문에 이 믿음은 성장해 갈 필요가 있었습니다. 온전해 질 필요가 있는 믿음이었습니다. 이스라엘 민족이 가지고 있었던 한계가 무엇인줄 아십니까? 그것은 문제만 생기면 원망하는 믿음이었습니다. 문제만 생기면 다 날아가 버리는 믿음이었습니다. 실제로 하나님에 대한 믿음이 있다면 문제가 생기고 어려움이 생길 때, 그 문제와 어려움 때문에 믿음을 갖고 하나님 앞에 더 나아가 기도하고 하나님의 음성을 듣고 하나님의 인도하심을 받아서 나가야 되는 것이 믿음의 온전한 모습이 아니겠습니까? 그런데 이스라엘 백성들의 믿음은 그렇지 못했습니다.

이스라엘 백성들이 지금 광야를 행진하고 있는 것은 분명 대단한 믿음이었지만 광야에서 문제가 생길 때마다 백성들은 그 자리에서 하나님을 바라보고 하나님 앞에 기도하는 믿음을 가지고 있지는 못했습니다. 오히려 하나님께서 세우신 모세를 원망하는 믿음을 가지고 있었습니다.
성경 본문을 보면 "르비딤에 장막을 쳤으나 백성이 마실 물이 없는지라(1절)"라고 기록되어 있습니다. 마실 물이 없습니다. 물이 없으면 어떻게 됩니까? 죽을 수밖에 없는 것입니다.

저는 예전에 성지순례를 갔다가 이 광야에 들어가 본적이 있었습니다. 정말 뜨거웠습니다. 당시 우리 팀의 버스를 운전해 주던 기사가 갑자기 버스에서 내리라는 것입니다. 그때가 오후 1시쯤 되었는데 자기가 100M정도 앞에 가 있을 테니 거기까지만 걸어와 보라는 것이었습니다. 모두들 그 정도쯤이야 하는 마음으로 버스에서 내렸습니다. 그런데 내려서 걸어가는데 너무 힘들어 심지어 토하기까지 하였습니다. 고작 100M 가는 건데 너무 힘들더라구요. 사실은 그 지역에 익숙한 베드윈족도 그 시간에 다니지 않는답니다. 해가 바로 위에 떠 있기 때문에 그 시간에 움직이지 못한다는 것이지요. 그런데 그 당시 이스라엘 백성들에게는 냉방

장치가 있는 버스가 있는 것도 아니고 마음껏 먹을 수 있는 음식을 가지고 다녔던 것도 아니었습니다. 그렇다고 편안하게 잘 수 있는 집이 있었던 것도 아니었습니다. 먹을 것이 넉넉하지 않는 상황 속에서 물조차 없었습니다. 얼마나 힘들었을까요? 그러한 광야에서 물조차 없다는 것은 죽음을 의미하지 않겠습니까?

이 백성이 가지고 있는 믿음이 온전한 믿음이었다면 하나님 앞에 무릎을 꿇었어야 합니다. 왜 그렇습니까? 이제까지 보고 경험한 것이 있기 때문입니다. 그들이 모세를 따라 광야로 나온 이유가 무엇입니까? 하나님에 대한 믿음이 있었기 때문이 아닙니까? 결코 모세가 연설을 잘 했기 때문이거나 모세의 리더십 때문이 아니었습니다. 하나님께서 자신들을 위해 하신 일을 목도했기 때문에 따라 나온 것이었습니다. 그렇다면 그들에게 어떤 문제가 생겼을 때 반드시 그 문제 해결을 위해 하나님께 여쭤봐야 합니다.

하나님이 이스라엘 백성들을 출애굽 시킨 목적은 출애굽으로만 끝나는 것이 아니었습니다. 그들을 인도하여 젖과 꿀이 흐르는 약속의 땅에 이르게 하는 것이 목적이었습니다. 그러면 하나님께서 출애굽 시킨 40년의 광야 기간 동안 하나님께서는 그들을 지키신다는 것입니다. 그렇기에 하나님 앞에 무릎을 꿇어야 합니다. 문제가 생길 때마다 어려움이 생길 때마다 하나님 앞에 나와야 합니다. 울어야 하고 기도해야 합니다. 그런데 그들은 그렇게 하지를 못했습니다.

저는 출애굽기와 민수기를 보면서 모세가 참 위대한 사람이라고 생각합니다. 백성들이 문제만 생기면 누구에게 달려갑니까? 모세에게 달려갑니다. 그리고 누구를 죽이려고 합니까? 모세를 죽이려고 합니다. 그래서 모세에게 광야 40년의 기간이 필요했던 것 같습니다. 철저히 자기를 죽이며 훈련되는 시간이 필요했던 것이죠. 모세가 잘못한 것이 무엇이 있습니까? 출애굽을 모세가 선동한 것도 아니잖습니까! 자신들이 기도해서 하나님 앞에 구했더니 하나님이 그 기도 소리를 들으시고 모세를 준비하여 보내신 것 아닙니까? 모세는 그들의 지도자 노릇을 한 것 뿐 입니다. 그런데 그들은 문제만 생기면 하나님을 찾기 보단 하나님이 세우신 눈에 보이는 모세를 원망하고 모세를 죽이려고 들었습니다.

여러분 사람들이 죽을 정도로 급박한 순간이 되면 보이는 것이 없어진다고 하지 않습니까? 이 이스라엘 백성들이 지금 너무도 급박한 순간이 되고 문제 해결이 되지 않으니까 지금까지 하나님께서 모세를 통해 행하신 일들은 다 잊어버리고 모세만 죽이려고 달려드는 것입니다. 성경에 보면 모세는 이 땅에 있는 어떤 사람들보다 온유한 자라고 기록되어 있습니다. 그런데 모세도 그 백성들에 대해서 서운한 마음이 있었던 것 같습니다. 성경을 보면 그 서운한 마음이 잘 표현되어 있습니다. 4절을 함께 보실까요? "모세가 여호와께 부르짖어 이르되 내가 이 백성에게 어떻게 하리이까 그들이 조금 있으면 내게 돌을 던지겠나이다"

4절을 보면 모세가 '이 백성'이란 표현을 쓰고 있는데 사실 이 표현은 모세가 잘 쓰는 표현이 아닙니다. 다른 곳을 찾아보면 모세는 이스라엘 백성을 너무도 사랑했기에 '내 백성'이란 표현을 사용하곤 했습니다. 그런데 4절에선 '이 백성'이라고 사용하고 있습니다. 모세도 인간이기 때문에 그들과 조금은 거리를 두고 싶었던 것 같습니다. 성경에는 그렇게 나와 있지 않지만 행간의 의미를 유추해 본다면 어쩌면 모세는 이러한 상황이 되었을 때 울었을지도 모릅니다. 특히 모세가 온유한 자니까 그 온유함을 가지고 백성들은 잘 다스렸을지 모르지만 그 아픈 마음들, 어려운 마음들을 가지고 얼마나 하나님 앞에서 울었겠습니까? 자기도 답답하니까 '내 백성'이라고 표현하지 않고 '이 백성'이라고 표현하면서도 그 백성을 포기할 수 없어 백성들을 대변하여 하나님 앞에 기도하고 울었을 것입니다.

3. 미련해 보이는 해결 방법 – 십자가에 담겨 있는 하나님의 지혜

그런데 물이 없는 문제가 이스라엘 백성들에게 그렇게 시급한 문제가 아니었는지도 모릅니다. 3절을 보겠습니다. "거기서 백성이 목이 말라 물을 찾으매 그들이 모세에게 대하여 원망하여 이르되 당신이 어찌하여 우리를 애굽에서 인도해 내어서 우리와 우리 자녀와 우리 가축이 목말라 죽게 하느냐"

여기서 반복되는 단어가 무엇입니까? '우리'입니다. 성경을 자세히 묵상하다 보니까 이 단어가 눈에 들어왔습니다. 만약 어떤 사람이 물놀이를 하던 중에 미끄러져 깊은 곳에 빠지게 되었습니다. 그런데 아무도 그 사람이 깊은 곳에 빠졌는지 알지 못합니다. 그럼 지금 이 순간은 매우 다급한 순간이 아닙니까? 그런데 그렇게 급한 순간에 허우적거리면서 "우리 좀 살려 주세요!"라고 할까요? "나 좀 살려 주세요!"라고 하지 않겠습니까? 아니 이것도 약합니다. 정말 급하면 존댓말도 나오지 않습니다. "사람 살려!" 이렇게 말하지 않겠습니까?

이스라엘 백성들의 말을 들어보면 지금 당장 목은 말랐지만 죽게 될 상황은 아니었던 것 같습니다. 그러니까 격식을 차려가며 소리를 질렀던 것이겠죠. 그런데 그런 상황에서 가만히 있으면 정말 죽게 될 수 있기에 그들은 하나님을 시험해 본 것이었습니다. 이해가 되십니까? 정말 죽게 될 상황이라도 하나님을 원망해서는 안 되는데 그렇게 급박한 상황이 아니었음에도 불구하고 물이 나오지 않자 죽을 것을 예상하여 하나님을 원망하고 모세를 원망하고 있는 것입니다.

그러니 모세의 마음이 얼마나 아팠겠습니까? 모세 역시 사람이기에 물이 없으면 죽습니다. 그런데 모세만 죽이려고 달려드니 모세는 얼마나 답답했겠습니까? 저는 여기서 한 가지 중요한 신앙의 내용을 발견하게 됩니다. 그건 바로 우리가 어떤 문제를 만나게 되었을 때 신앙의 정도에 따라 그 문제를 풀어가는 방식에 차이가 생기게 된다는 것입니다. 이스라엘 백성들은 그들이 가지고 있는 믿음 안에서 문제가 생겼을 때 곧장 하나님을 원망했습니다. 그리고 그 분이 세운 지도자 모세를 원망했습니다. 이것이 그들이 문제를 풀어가는 방식이었습니다.

그런데 모세는 문제가 생겼을 때, 백성들이 성난 마음으로 돌을 들어 그를 쳐 죽일 수 있는 상황이 되었을 때 어떻게 했습니까? 성경을 보니까 이렇게 기록되어 있습니다. "모세가 여호와께 부르짖어 가로되(4절)" 모세의 문제 해결 방법은 원망하지 않고 하나님 앞에 엎드려 부르짖은 것이었습니다. 이것이 모세와 이스라엘 백성의 차이였습니다. 모세도 똑같이 성정을 가진 사람이었습니다. 그리고 이스라엘 백성들도 똑같이 하나님의 놀라운 기적을 경험한 사람이었습니다. 그러나 문제가 생겼을 때 그들의 반응은 달랐습니다.

한편은 문제가 생겼을 때 그 문제 때문에 당장 죽어갈 것도 아니지만 죽을 것을 예상해서 하나님을 원망하고 하나님이 세우신 사람을 원망하면서 그저 조금만 불리하면 돌을 들려고 하는 사람이고, 또 한편에서는 문제가 있을 때 그 문제를 다 몸으로 끌어안고 하나님 앞에 무릎을 꿇고 울며 기도하는 사람입니다. 그런데 중요한 것은 하나님께선 모세를 통해 이스라엘 민족을 이끌어 가셨다고 하는 것입니다. 모세가 이렇게 하나님께 엎드려져 중보기도 할 때 하나님은 변함없이 모세에게 찾아와 주셨고, 변함없이 문제의 해결 방법을 가르쳐 주셨습니다. 하나님께서 가르쳐 주신 문제의 해결 방법은 이것이었습니다. "여호와께서 모세에게 이르시되 백성 앞을 지나서 이스라엘 장로들을 데리고 나일 강을 치던 네 지팡이를 손에 잡고 가라. 내가 호렙 산에 있는 그 반석 위 거기서 네 앞에 서리니 너는 그 반석을 치라 그것에서 물이 나오리니 백성이 마시리라 모세가 이스라엘 장로들의 목전에서 그대로 행하니라(5절)"

하나님의 해결 방법은 모세가 하나님이 주신 지팡이를 가지고 산 위로 올라가는 것이었습니다. 그런데 참 이상한 일입니다. 물은 낮은 곳에서 나오는데 높은 곳으로 올라가라고 하시는 것입니다. 인간의 생각으로는 하나님의 생각과 방법을 도저히 이해 할 수 없습니다. 하지만 분명한 사실은 거기에 문제 해결의 열쇠가 있기에 올라가라고 한 것이 아니겠습니까? 고린도전서 1장 18절을 보면 이런 말씀이 있습니다. "십자가의 도가 멸망하는 자에게는 미련한 것이요 구원을 받는 우리에게는 구원의 능력이 됨이라" 여기에 매우 중요한 낱말이 나오는데 그것은 바로 '십자가의 도'라는 것입니다. 십자가는 복음의 핵심이며 구원을 얻는 우리에게 아주 큰 능력이 됩니다. 그런데 그 십자가가 세상 사람들의 눈에는 미련하게 비쳐진다는 것입니다.

고린도전서의 이 말씀과 출애굽기 17장의 이야기를 읽으면서 구약과 신약이 이렇게 연결되는 것이 매우 은혜스러웠습니다. 그도 그럴 것이, 출애굽기 17장의 사건이 예수 그리스도의 십자가 사건을 예표하는 것이기에 이렇게 연결되는 것이라 생각합니다. 모세가 들고 간 지팡이는 이스라엘의 편에서 볼 때 구원의 지팡이며 능력의 지팡이였습니다. 중요할 때마다 이 지팡이를 통해 능력과 기적들이 일어났기 때문입니다. 그러나 애굽 편에서 볼 때 이 지팡이는 어떻습니까? 심판과 재앙의 지팡이였습니다. 지금 하나님께서는 그 지팡이를 들고 산 위로 올라가 지목한 바위 앞에 서라는 것입니다. 그리고 그 지팡이로 바위를 내려칠 때 바위에서 물이 나올 것이라고 말씀하고 있습니다. 이것이 하나님의 방법이었습니다.

저는 여기에서 명확하게 말씀드리고 싶은 것이 있습니다. 문제가 생겼을 때 하나님을 원망하던 사람들은 이스라엘 백성입니다. 그런데 하나님은 원망하는 이스라엘 백성을 심판하신 것이 아니라 반석을 심판하셨습니다. 이것이 십자가의 의미입니다. 산 위로 올라간 모세가 지팡이를 들고 반석을 쳤을 때 물이 나왔습니다. 만일 물이 안 나왔다면 이스라엘의 모든 사람들은 죽었을 것입니다. 물이 나왔기에 살아날 수 있었던 것입니다. 그런데 고린도전서 10장 4절을 보면 그 반석은 누구를 지칭하고 있습니까? 바로 예수 그리스도입니다. 모세가 들고 간 지팡이는 심판과 재앙의 지팡이였습니다. 하나님은 우리에게 원망이나 비판을 받으실 분이 아니라 영광과 존귀와 감사와 예배를 올려드려야 할 대상입니다. 그런데 문제가 생길 때마다 하나님의 백성들이 하나님을 원망한다면 그건 분명 잘못된 죄의 행위입니다. 그 죄에 대한 대가가 치러져야 합니다. 그런데 원망은 이스라엘이 했음에도 불구하고 그 죄로 인한 대가로 심판은 예수 그리스도가 받게 되었다는 것입니다. 이것이 하나님의 방법이었습니다.

4. 반석에서 물이 나옴 – 십자가 안에 있는 능력

모세가 심판과 재앙의 지팡이를 가지고 반석을 쳤을 때 그 반석에서 물이 나와 원망한 하나님의 백성들을 먹여 살리게 하셨습니다. 그들이 가지고 있던 최대의 문제가 해결된 것입니다. 하나님의 방법 안에 그들의 문제가 해결되는 일이 일어난 것입니다. 하나님의 방법에는 이스라엘이 해결하지 못했던 문제를 해결하는 능력이 있습니다. 저는 이 말씀을 묵상하면서 십자가의 중요한 목적을 발견하게 되었습니다. 그것은 바로 깨어짐에 대한 것이었습니다.

출애굽기 17장에는 바위가 깨졌다는 말이 나오진 않습니다. 원어를 보면 '그것에서 부터'라는 말이 나옵니다. 바위를 쳤을 때 물이 바위에서 부터 나온다는 것은 바위가 깨지면서 그 안에서 물이 흘러나오는 것으로 이해 할 수 있습니다. 저는 예수님의 십자가 죽음이 바로 이와 같은 죽음이라고 생각합니다. 우리는 나를 만드시고 살려 주시고 인도해 주신 하나님을 똑바로 알지 못하고 살아가다가 문제가 생기거나 어려운 일이 생기면 하나님 앞에 원망할 때가 있지 않습니까? 그런 원망들은 전부 죄입니다. 그런데 하나님께서는 그 죄를 전부 거두어서 예수 그리스도에게 옮겨 놓으신 것입니다. 그리고 그 예수 그리스도가 직접 하나님의 심판을 받아 자신의 몸을 깨뜨리어 물을 내 주시게 만드신 것이었습니다.

출애굽기 17장에서 이스라엘 백성들이 반석을 치고 거기서 나온 물을 먹어 살았던 것은 바로 예수 그리스도가 자신의 몸을 직접 다 깨뜨려 주심으로 말미암아 우리에게 생명을 주신 것과 같은 모습이라는 것입니다. 그렇기에 바위가 깨진 것은 예수 그리스도의 십자가 죽음을 상징한다고 말할 수 있습니다. 이것이 십자가의 죽음이며, 십자가의 고난입니다. 예수께서 십자가의 고난을 받으시고 십자가에서 죽으실 때, 그 몸이 으스러질 정도로 다 깨어지시고 그 결과 흘려주신 보혈로 우리가 살아날 수 있게 되었다고 하는 것입니다.

5. 전인적인 회복 – 십자가 복음의 궁극적 목적

이러한 은혜를 경험하고 나서 이스라엘 백성들은 그냥 지나쳤을 수 있을지 모르지만 여기서 우리가 배워야 될 것이 있습니다. 하나님은 단지 물이 필요한 삶의 문제만을 해결해 주시기 원하셨던 것이 아닙니다. 삶의 문제를 해결해 주시는 것은 가장 기본적인 것입니다. 그러나 그 안에 더 깊은 의미가 있는데, 그것은 물을 내어서 그들을 먹이심으로 말미암아 살려 회복케 하심이 목적이라고 하는 것입니다. 저는 그 목적을 이사야 53장 5절에서 찾아보았습니다. "그가 찔림은 우리의 허물 때문이요, 그가 상함은 우리의 죄악 때문이라. 그가 징계를 받음으로 우리는 평화를 누리고, 그가 채찍에 맞음으로 우리는 나음을 받았도다"

출애굽기 17장에는 하나님의 심판의 지팡이로 반석을 내리 쳤을 때 반석에서 물이 나왔다고만 표현되어 있지만 이사야 선지자는 예수 그리스도가 하나님의 심판을 받아 자신의 몸을 깨뜨려 주신 사건을 찔린 것, 상한 것, 징계를 받은 것, 채찍을 맞은 것으로 나누어서 구체적으로 설명하고 있습니다.

첫 번째로, '그가 찔림은 우리의 허물 때문'이라고 말합니다. 예수님은 십자가에 돌아가시기 전에 수없이 많이 찔리셨습니다. 가시에 찔리시고, 채찍에 찔리시고, 못에 찔리셨습니다. 그렇게 당신의 몸을 찔려주신 것은 우리의 허물 때문이라고 말하고 있습니다. 여기서 '허물'이라고 하는 것은 영어로 'transgression'으로 우리가 지은 자범 죄를 의미합니다. 신학적으로 이야기하면 내가 태어나서 살면서 지은 모든 죄를 이야기합니다.

두 번째 '그가 상함은 우리의 죄악 때문이라'고 말하고 있습니다. '상하다'는 표현은 원어로 보면 몸이 완전히 깨어지는 것을 의미합니다. 출애굽기 17장의 내용과 동일한 내용이라고 하는 것입니다. 그 바위가 깨어지듯이 그렇게 당신의 몸이 상해진 것은 우리의 죄악 때문이라는 것입니다. 여기에 '죄악'이라고 하는 단어는 영어로 'Sin'이라고 하는데 이는 '원죄'를 뜻하는 단어입니다. 우리가 지은 자범 죄뿐만 아니라 우리 안에 있는 죄의 뿌리인 원죄까지도 씻어주시기 위해 예수님께서는 십자가 위에서 죽으시기까지 찔리시고 몸이 상하셨던 것입니다. 그 원죄를 해결하시기 위해서 단순히 찔린 정도가 아니라 그의 몸이 으스러졌다는 것입니다.

세 번째로 그가 징계를 받은 것은 우리에게 평화를 주시기 위함이라고 기록되어 있습니다. 예수님께서 십자가를 지고 죽으시기까지의 이 모든 과정이 징계였습니다. 이러한 징계를 받으신 이유가 우리에게 주실 '평화' 때문입니다. 평화가 무엇입니까? 히브리어로 평화는 '샬롬'입니다. 그리고 이 평화는 그리스도인의 표지입니다. 부활하신 예수께서 두려움에 떨고 있는 제자들에게 나타나서 가장 먼저 말씀해 주신 것은 "평화가 너희에게 있을지어다."라고 선포해주신 것이었습니다. 그것은 바로 예수가 십자가에 죽으심으로 말미암아 이루어 놓으신 것이 평화이기 때문에 그렇습니다. 어떤 문제가 와도 흔들리지 않는 신앙은 마음속에 평화가 있을 때 가능한 일입니다.

여러분, 돈이 없고 모든 관계가 깨지고 당장 필요한 것이 채워지지 않아도 평화를 소유한 자들은 흔들리지 않습니다. 예수님께서 십자가에서 죽으신 이유가 바로 그 평화를 우리에게 주시기 위함이라는 것입니다. 예수님께서 죽으심으로 우리가 하나님과 막혀있었던 담이 다 허물어졌고, 우리가 하나님과 화해할 수 있게 되었기에, 그 안에서 우리에게 주어지는 것은 평화라고 하는 것입니다. 이것은 하나님과의 영적인 관계의 회복이 있을 때 가능합니다.

마지막으로 성경은 예수님께서 채찍에 맞으심으로 우리가 나음을 입었다고 기록하고 있습니다. 우리가 잘 알고 있듯이 이 채찍은 가죽 끝에 납이 달려 있어서 살을 파고 들어갑니다. 그리고 당길 때마다 살이 뜯어져서 나오는 무시무시한 형벌 도구입니다. 그런데 예수님께서 이런 채찍을 맞으신 이유가 우리를 낫게 하기 위함이라는 것입니다. 이것은 무슨 말입니까? 연약한 우리가 이 땅을 살아갈 때 필연적으로 건강의 문제가 있을 수 있습니다. 아무리 신앙이 좋고, 아무리 성령 충만해도 우리의 몸이 연약해질 수 있다는 것입니다. 그 연약함을 미리 아시는 주님께서 십자가의 고난과 채찍에 맞으심으로 말미암아 우리의 모든 건강의 문제까지 해결해 주셨다는 것이지요.

이렇게 볼 때에, 예수님의 십자가 사건은 전인적인 회복의 사건을 말하는 것입니다. 우리의 자범죄, 우리의 원죄, 하나님과 막혀 있는 모든 담들을 허무시고 평화를 누리게 하시며 우리의 육신적으로 건강을 가져다주게 하신 사건이라는 것입니다. 또한 그렇기에 십자가 사건은 우리를 창조질서 안으로 회복시켜 놓은 사건이라는 것입니다. 여러분들도 믿고 받아들이기만 하면 내 상황이 어떠하든, 환경이 어떠하든 상황과 환경을 초월해서 여러분들에게 이 모든 것들을 경험케 해 주실 줄로 믿습니다. 주님이 이미 십자가에서 그것을 이루어 놓으셨기 때문입니다. 여러분, 십자가 복음의 궁극적인 목적은 우리의 전인적인 회복입니다. 우리가 지은 죄로부터의 회복이고, 우리의 죄성으로 부터의 회복이고, 영적인 평화의 회복이고, 그리고 육신의 건강의 회복입니다 이 놀라운 회복을 주님께서 십자가 안에서 우리에게 약속해 주셨습니다.

출애굽기 17장을 보면서 더욱 마음 아프게 하는 것은 하나님을 원망했던 것은 나이고, 죄 지은 것은 나인데 하나님은 그 죄를 다 예수 그리스에게 옮겨놓으시고 그 심판의 지팡이로 예수 그리스를 내리치셔서 예수가 맞아 그 몸을 깨뜨림으로 말미암아 우리를 구속하셨다는 것입니다.

한 가지 간증을 마지막으로 마무리하고자 합니다. 제가 신학대학원 5차 학기 때 머리로만 알았던 복음이 가슴으로 내려와 한 학기를 울고 다녔습니다. 그 때부터 제 목적은 하나였습니다. 이 기독교의 핵심인 십자가 복음을 더 깊게 경험하기 원하는 것, 그래서 내 생애 있어서 '하도균 목사'라는 이름보다 '하나님의 사람'이라고 하는 칭호를 얻고 싶었습니다. 그게 제 인생의 목표가 되었습니다. 그래서 그때부터 얼마나 강하게 훈련을 받았는지 모릅니다. 내가 온전한 하나님의 사람이 될 수 있다면, 온전한 십자가의 복음을 알고 교회를 교회되게 만들고 성도를 성도되게 만들 수 있다면, 초대교회 기적과 역사가 일어날 수 있다면, 그 방편과 힘이 십자가에 있다고 한다면 그 십자가 복음을 온전하게 경험하고 그 깊이와 넓이를 배우는 것이 제 목표였습니다. 그래서 열심히 훈련받았습니다.

그렇게 바쁘게 쫓아다니던 어느 날, 학교를 가려고 하는데 저의 아내가 저를 부르는 겁니다. 그 이유를 물었더니 딸이 밤새도록 열이 나서 아팠다는 겁니다. 머리에 손을 대보니 정말 뜨끈뜨끈 하더라구요. 그래서 제가 간절히 기도를 해 주고 학교를 갔다 올 테니 딸을 데리고 병원에 다녀오라고 했습니다. 사실 제가 데리고 갔어야 하는데 제가 모범생(?)이어서 무슨 일이 있어도 수업은 절대 빠지지 않았거든요. 그런데 아내가 "여보, 돈이 없어요." 라는 하는 것입니다. 그래서 제가 "무슨 소리야, 의료보험이 되니까 4,000원이면 갔다 올 수 있잖아요?" 라며 반문했습니다.

그런데 그 4,000원이 없다는 것입니다. 그래서 여기저기 찾아봤는데 정말 4,000원이 없더라구요. 그 때 저는 너무 충격을 받았습니다. 그 당시 저는 파트타임 전도사로 50만 원 정도의 월급을 받으며 살았는데 그 돈으로 세 식구가 살아가려니 부족했던 것입니다. 그래도 감사한 것은 저의 아내가 돈 때문에 한 번도 불평한 적이 없다는 것입니다. 저의 아내는 제가 온전한 하나님의 사람이 되는 것이 목표라는 걸 알고 그렇게 되도록 늘 도와줬거든요. 그런데 그렇게 열심히 그 목표를 향해 함께 달려왔는데 돈 4,000원이 없는 것입니다.

혹시라도 저의 실망한 모습을 아내에게 들키면 아내도 실망할 것 같아 마음을 가라앉히며 이렇게 말했습니다. "내가 학교 가서 출석 부르고 기도하고 올 테니까 그 때까지 찬 수건으로 아이 머리의 열 좀 식혀주고 있어요. 금방 갔다 올게요." 아내의 다녀오라는 인사를 듣고 학교로 가면서 솔직히 처음으로 하나님을 원망했습니다. 하나님을 무척 두려워하고 원망하면 안 된다는 것을 알았기에 그렇게 늘 살아왔었지만 그 날은 원망이 나오더라구요. "하나님 차라리 제가 아팠으면 좋겠습니다. 차라리 저를 때리세요. 제가 잘못한 게 뭐 있습니까? 저 아시잖아요? 하나님의 사람이 되겠다고, 십자가의 복음을 더 깊고 넓게 깨달아 알겠다고 오늘까지 이렇게 달려오지 않았습니까? 그 힘든 훈련 마다하지 않고 여기까지 오지 않았습니까? 그렇다면 적어도 4,000원은 주셔야 하는 거 아닙니까? 하나님 너무 하십니다. 제가 언제 돈을 달라고 했습니까? 제 친구들은 대학 졸업하고 부족함 없이 살아가고 있는데 저는 4,000원이 없어서 딸을 병원에 보내지 못하고 있습니다. 너무 하십니다. 하나님!"

그렇게 원망했을 때 제 마음은 편했겠습니까? 무척 아팠습니다. 그렇게 학교에 도착하여 수업 시간에 맨 뒷자리에 앉아 있는데 수업이 귀에 들어오지 않았습니다. '목회서신'이라는 수업이었는데 누군가 디모데전서 6장을 가지고 발제를 하는 겁니다. 그런데 6장에는 바울이 디모데를 향해 '사랑하는 디모데야, 내 아들아'라고 부르지 않고 '너 하나님의 사람아!'라고 부르는 장면이 있습니다. 그 수업 시간에 다른 말은 하나도 귀에 들어오지 않았는데, 그 구절이 가슴에 들어와 콱 박히는 것이 아니겠습니까? 제가 돈 4,000원이 없어도 하나님의 사람이 되고자 그렇게 달려왔었는데 오늘 아침에 하나님을 원망하고 보니깐 나는 하나님의 사람도 못되고 세상적으로도 능력 있는 가장이 못 된다는 사실이 너무 아프게 느껴졌습니다. 나는 정말 아무 것도 아니라는 생각이 들었습니다. 그 자리에서 얼마나 울었는지 모릅니다. 이것도 저것도 아닌 나의 모습에 한참을 울었습니다.

　　수업이 끝나고 나가려는데 교수님이 저를 부르셨습니다. 예전에 교수님께 인사드린 적은 있지만 사실 그 교수님하고 그렇게 친밀감이 있던 시기가 아니었고, 그 교수님 역시 영국에서 돌아오신지 얼마 되지 않으셔서 저를 잘 모르셨을 것입니다. 그 분이 지금도 서울신학대학교에서 기도 운동을 일으키시는 분으로 기도를 많이 하시는 분이십니다. 그 분이 저를 부르시더니 "하 전도사, 이상하게 자네가 그렇게 보고 싶더라."라고 말씀하시는 것이 아닙니까? 그렇잖아도 마음이 슬픈데 그런 말씀을 들으니까 눈물이 막 나는 것입니다. 그래서 교수님 앞에서 또 울었습니다. 한참을 우는데 교수님께서 그만 울라며 무슨 일이 있느냐고 물어보셨습니다. 그래서 말씀을 드렸지요. "교수님, 저는 지금까지 하나님의 사람이 되기 위해 최선을 다해 달려왔습니다. 그런데 오늘 아침에 딸이 아파 병원을 데려가려 하는데 돈 4,000원이 없었습니다. 그래서 그것 때문에 하나님께 원망을 하며 학교에 왔습니다. 그런데 오늘 수업을 듣다보니 제가 그토록 원했던 '너, 하나님의 사람아!'라는 그 칭호가 나오는 것이 아닙니까? 아침에 그토록 하나님을 원망하고 보니 저는 하나님의 사람도 아니고, 세상적으로도 능력이 있는 가장도 아니고, 이것도 저것도 아니라는 것을 깨닫게 되었습니다. 교수님 어떻게 하면 좋겠습니까?" 그러면서 또 한참을 울었습니다.

그런데 그 교수님 역시 힘들게 고학(苦學)을 하신 분이셔서 저의 얘기를 듣고 동감이 되시는지 저와 같이 우시더라구요. 그리고 저를 안아주시면서 저를 위해 기도해 주셨습니다. "하나님, 주의 종이 주의 길을 가다가 이렇게 어려움을 겪게 되었는데 하나님을 원망했다고 또 이렇게 마음을 아파합니다. 하나님 아시지요? 하나님께서 품어주세요." 그렇게 기도를 해 주시니 마음이 진정 되었습니다. 그래서 교수님께 감사하다고 인사를 드리고 돌아가려고 하는데 저를 붙잡으셨습니다. 그러면서 "내가 같이 기도하는 사람들이 있는데 그 그룹 안에 자네 대학교 선배가 있어. 지금 목동에서 소아과를 운영하고 있으니까 딸을 데리고 한번 가봐, 내가 얘기해 둘게." 그런데 아직은 제 안에는 자존심이 남아 있어서 "돈 없이 병원가기 싫습니다."라고 말씀드렸더니 교수님께서 "받을 줄 알아야 줄 수 있으니까 가봐!"라고 하셨습니다. 그래서 할 수 없이 집으로 돌아와 아내와 딸을 데리고 목동에 있는 소아과를 찾아갔습니다. 진료 접수를 하고 차례를 기다리는데 지갑에 돈이 한 푼도 없으니 무척이나 떨리더라구요. 잠시 후에 "하효진 부모님 들어오세요"라는 소리가 들리고 진료실로 딸을 데리고 들어갔습니다. 들어가서 보니까 저보다 나이가 한참

이나 많은 의사 선생님께서 앉아 계셨습니다. 가만히 보니까 20년 정도는 동문 선배님이신 것 같았습니다. 그런데 그분이 저를 보시더니 "하도균 전도사님 맞으세요?"라고 묻는 것이 아닙니까? 그래서 맞다고 했더니 갑자기 자리에서 벌떡 일어나셔서 저에게 90도로 허리를 숙여 인사를 하시면서 이렇게 말씀하시는 것이 아닙니까?

"전도사님, 하나님의 길을 가시면서 얼마나 어렵고 힘드셨습니까? 걱정하지 마십시오. 이 아이는 제가 책임지겠습니다." 그리고는 제 딸의 여기저기를 아주 정성껏 진찰해 주셨습니다. 진찰이 마치고 의사 선생님께서 잠시 나가셨는데 들어오시는데 양 손에 약이 한 가득 담긴 보따리를 들고 들어오셨습니다. 그리고는 이렇게 말씀하셨습니다. "전도사님, 이것은 가정용 상비약입니다. 돈 걱정 마시고 가져가세요. 그리고 저는 소아과 의사이고 저의 아내는 가정 의학과 의사입니다. 그러니 둘이 힘을 합치면 전도사님 가정에 누구든지 기본적인 치료는 저희가 해 드릴 수 있습니다. 앞으로 걱정 말고 아프시면 언제든지 찾아오세요. 저희가 전도사님의 주치의가 되어 드리겠습니다." 단돈 4,000원도 없던 저에게 그날 주치의가 생긴 것입니다. 그 때 하나님께 얼마나 감사하고 또 죄송하던지 말로 못합니다.

저는 단돈 4,000원이 없어서 하나님을 원망하고 불평했는데 하나님께선 그런 저에게 주치의를 붙여주셨습니다. 이게 하나님의 방법입니다. 원망과 불평은 제가 했고 그렇기에 저에게 죄가 있지만 하나님은 그 죄 때문에 바로 저를 치시지 않으셨습니다. 이미 예수 그리스도께서 십자가에서 저의 모든 죄를 담당하셨기에 스스로의 잘못을 깨닫고 뉘우치는 저에게 하나님께선 오히려 커다란 은혜를 베풀어 주신 것이었습니다.

마무리

여러분, 성경에 나타난 놀라운 기적들은 믿기만 하면 지금 이 순간에 우리도 경험할 수 있는 것입니다. 혹시 어떤 잘못이나 실수 때문에 괴로워하고 계시다면 스스로를 너무 자책하지 마십시오. 그게 우리 모습입니다. 하나님께서 원하는 대로 살아가지 못하고 늘 자기 고집대로 살아가는 모습, 하나님께 감사하기 보다는 원망하고 불평하는 모습, 바로 우리의 연약한 모습입니다. 하지만 하나님께서는 그런 우리의 연약함을 다 아시고 우리의 모든 죄를 예수에게로 옮기셔서 십자가에 죽게 만드심으로 말미암아 전인적인 회복의 길을 열어놓으셨다고 하는 것입니다. 그래서 이사야 53장 6절에 "우리는 다 양 같아서 그릇 행하여 각기 제 길로 갔거늘 여호와께서는 우리 무리의 죄악을 그에게 담당시키셨도다"라고 되어있는 것이 아니겠습니까?

십자가 앞에 나오는 모든 사람들에게 전인적인 회복이 있습니다. 십자가는 그냥 도깨비 방망이처럼 내 현실적인 문제만 해결하고 끝나는 것이 아닙니다. 한번 하나님의 자녀로 만들고 구원시키는 그 사건으로 끝나 버리는 것이 아니라는 것입니다. 그것이 출발점이 되어 우리의 죄와 허물을 다 용서하시고 하나님과 막힌 담을 허무심으로 말미암아 평화를 경험하게 하시고, 또 우리의 모든 육체적인 질병에서 낫게 하는 전인적인 구원을 이루게 하시는 것이 바로 예수 그리스도의 십자가 복음의 핵심입니다. 이 놀라운 십자가의 복음 앞으로 여러분들을 초대합니다.

마무리를 위해서 다시 생각하고 토의할 문제들

1. 광야에서 물이 없어 고생할 때, 이스라엘 백성들은 하나님을 찾기보다는 하나님이 세우신 모세를 원망하며 그에게 모든 책임을 물었습니다. 분명히 하나님께서는 지금까지 채우시고 인도해 주셨음에도 이스라엘이 원망하였던 이유는 무엇입니까?

2. 이스라엘의 원망 앞에서 모세가 취한 태도는 어떠합니까? 여기서 배울 수 있는 지도자 상을 말해보세요.

3. 하나님께서는 물을 필요로 하는 이스라엘에게 응답하시며 모세에게 산으로 올라가라고 하셨습니다. 물을 얻기 위해서는 낮은 곳으로 가야 하는데도 말입니다. 이 말씀과 "전도의 미련한 것"이라는 구절과 그 의미를 여기에 나타나 있는 하나님의 마음을 유추해 보세요.

4. 모세의 지팡이와 그 지팡이에 맞은 반석이 의미하는 바를 고린도전서 10장 1-4절과 비교하여 말해보세요.

5. 인간의 미련함과 하나님의 지혜를 십자가 사건과 비교하여 설명해 보세요. 무엇이 미련한 생각이고 무엇이 지혜입니까?

6. 므리바 사건이 십자가 사건을 예표할 수 있는 이유를 설명해 보세요.

7. 십자가의 사랑과 능력은 무엇이라고 할 수 있을까요?

Chapter 08. 생명의 통로로서의 십자가
-십자가 복음의 영향력

주제를 풀어갈 성경본문
사도행전 3장 1~10절

주제를 풀어갈 글의 개요

[들어가면서]
본문의 정황과 배경

[본론]
1. 십자가 복음의 영향력이 흘러가기 위하여
   1) 성령의 역사를 경험함
   2) 영적인 균형을 갖춤

2. 십자가 복음의 영향력 - 달라진 세상을 보는 관점
   1) 영혼을 주목하여 본다.
   2) 영혼의 필요를 본다.

3. 십자가 복음의 영향력이 흘러가는 통로
   1) 예수 이름
   2) 믿음을 행함

4. 복음의 영향력의 결과
   1) 하나님을 찬양함
   2) 많은 사람에게 도전을 줌

[마무리] – 요약과 적용

RETURN TO THE GOSPEL

| 들어가면서 |

    전도학을 전공한 저는 5년 전 저희 가족과 함께 타 문화권에서의 복음 전도를 경험하기 위해 인도에서 1년 정도 지냈던 적이 있습니다. 하나님께서 선교 경험을 위해 보내주셨던 것이지요. 여러분도 아시다시피 인도는 힌두교가 국교로 국민의 85%가 힌두교를 믿습니다. 힌두교에는 모두 3억 3천의 신이 있어서 힌두교를 믿는 사람들도 그 신들의 이름을 다 외우지를 못할 뿐만 아니라, 자신들이 믿는 신이 기도에 응답해 주지 않거나 못마땅하면 언제든지 신을 바꾼다고 합니다.

    제가 인도에 있으면서 답답했던 것 중 하나는 선교사님들이 전도를 열정적으로 하지 않는 것처럼 보였던 것입니다. 그래서 제가 물어보았더니 선교사님들의 대답은 인도에서는 전도가 쉽게 안 된다는 것이었습니다. 그 이유를 묻자 그냥 있어 보면 안다고 말씀하셨습니다. 제가 있었던 곳은 남쪽의 '뱅갈로르'라고 하는 지역이었는데, 한번은 북쪽의 '네루 대학'에 가서 전도할 수 있는 기회가 있었습니다. 네루 대학의 학생들은 제 얘기를 잘 들어주었으며, 아침에도 하나님 앞에 기도하고 나왔고, 어제는 예수님께 기도를 했다고 말하기도 했습니다. 그들 안에 신앙이 있는 것 같기는 한데, 믿을 수 없어서 예수님을 인격적으로 구주와 주님으로 영접하라고 초청했더니 영접하지 않는 것입니다. 왜 그런가 보았더니 인도 사람들에게 하나님은 유일신이 아니라 3억 3천의 신들 중 하나였을 뿐이었습니다. 그들에게 하나님을 유일신으로 가르쳐 주는 것은 참 어려운 일이었습니다.

그래서 기도제목이 하나 생겼습니다. 그것은 오늘날에도 복음 안에서 초대교회와 같은 역사가 일어날 수 있는데, 인도에서도 복음으로 영혼들이 구원받는 역사를 직접 경험할 수 있게 해달라는 기도였습니다. 인도에서도 영혼들이 온전하게 인격적으로 예수님을 영접하는 놀라운 역사를 직접 경험하게 해 달라고 기도한 것입니다.

제가 있었던 곳은 인도에서 가장 좋은 복음주의 대학 중 하나였던 '싸이악스(SAIACS)'라고 하는 대학이었습니다. 이 대학에서 시내까지 나가는데 택시로 한 30분 정도 걸립니다. 한번은 가족이 같이 시내에 나갔다가 돌아오려고 택시를 탔습니다. 인도의 택시는 '오토릭샤'라고 오토바이를 개조해서 만든 택시입니다. 우리가 탄 택시가 새 차라서 택시 기사에게 차를 언제 구입했는지 물었습니다. 그런데 인도 택시기사는 동문서답을 하며 자신은 인도의 브라만 계급이라고 대답하였습니다.

현재 인도는 카스트 제도라고 하는 계급제도가 무너지기는 했지만, 오늘날에도 그 영향은 강하게 남아 있습니다. 브라만 계급하면 성직자인 제사장 계급으로 혈통도 다르고, 똑똑합니다. 자랑할 만하지요. 그런 자부감이 있던 택시기사는 외국인이었던 저에게 본인이 브라만 계급이라는 것을 자랑하고 싶었던 것이었습니다. 그리고는 자기가 믿고 있는 신에게 기도를 했더니 그 신의 축복으로 은행에서 돈을 대출받게 되어 이 택시를 샀다고 자기 신을 자랑하였습니다. 그 이야기를 다 듣고 난 후에 저는 "너희 신은 은행에서 돈을 빌려주니? 우리 신은 그냥 주는데."라고 대답했습니다. 그랬더니 그 기사가 저를 처다보았습니다. 그때를 놓치지 않고 이야기를 했습니다. 먼저 다 들어줬기 때문에 제가 얘기 할 수 있는 기회를 얻을 수 있었던 것입니다. 이것이 전도의 방법입니다. 일방적으로 선포만 하는 것이 아니라 인격적으로 쌍방 간의 대화가 오고 가야 합니다.

그 기사에게 제가 믿는 신에 대해 들어보겠느냐고 물었더니 이야기를 해보라고 하는 것입니다. 그래서 제가 2~30분 정도 걸려 학교까지 가는 택시 안에서 예수님에 대해서 이야기하기 시작했습니다. 이야기가 마무리 될 무렵에 택시가 학교 안에 있는 아파트에 거의 도착을 했습니다.

복음을 전하는 사람은 복음만 전하고 그냥 끝내면 안 됩니다. 복음에는 능력이 있고, 복음에는 생명이 있기 때문에 복음을 받아들이도록 초청을 해야 합니다. 저는 그 기사가 비록 제사장 계급인 브라만 계급이었지만 예수님을 그의 삶에 유일한 신으로 인격적으로 받아들이겠는지 물어보았습니다. 그랬더니 그 기사는 바로 받아들이겠다고 대답하는 것이었습니다.

하지만 저는 놀라지 않았습니다. 왜냐하면 아무리 브라만 계급이라고 해도 인도 사람들은 외국인에게 조금만 잘 맞춰주면 돈이 나온다고 알고 하는 행동일 수 있기 때문입니다. 그래도 예수님을 영접한다고 하니까 최선을 다해서 예수님을 영접할 수 있도록 도와주고 기도를 따라하게 했습니다. 기쁜 마음에 차비에 팁까지 주었습니다. 그런데 그 기사가 가지 않는 것이었습니다. 이제 가도 된다고 아무리 얘기해도 그냥 서 있는 것이었습니다. 이상해서 얼굴을 쳐다봤더니 그 운전기사의 눈에 눈물이 고여 있었습니다. 금방이라도 흐를 것 같았습니다.

저는 깜짝 놀랐습니다. 2~30분 동안 영어로 복음을 전하는 것이 쉽지가 않아 하고 싶은 말을 다 하지도 못했는데 내용을 파악하여 예수님을 영접했고, 그것도 어려운 일인데 그냥 형식적으로 한 것이 아니었던 것입니다. 그 기사는 제가 전한 예수님에 대해서 더 깊게 알고 싶은데 저를 찾아와도 되겠느냐고 물어보았습니다. 저는 그 운전기사가 예수님을 더 깊이 알고 싶어 하는 모습을 보며 얼마나 기뻤는지 모릅니다. 언제든지 찾아오라고 대답을 하고 그 친구를 보내는데 제 마음 속에 눈물이 흘렀습니다.

전도란 사람을 교회로 데리고 나오는 게 아니라 복음을 전해서 영혼을 살리는 것입니다. 하나님께서는 제가 기도한 대로 인도에서도 복음을 전해 영혼이 인격적으로 예수를 영접하고 구원받는 경험을 하게 해 주신 것입니다. 그것도 제사장 계급인 브라만 계급의 사람이 구원받은 것입니다. 안된다고 하지만 된다는 사실을 다시 확인시켜 주셨던 것입니다. 저는 너무 감동을 받아 제가 있던 인도의 대학의 총장님을 찾아갔습니다. 총장님은 뉴질랜드에서 온 선교사로 40년 동안 인도 선교에 헌신해 오시면서 그 학교를 멋있게 세우신 분입니다. 제가 총장님께 그 기사의 이야기를 해 드렸더니 총장님도 깜짝 놀라면서 주님을 찬양하셨고, 그 기쁨을 한참동안 함께 나누었습니다.

전도가 안 되는 곳은 없습니다. 경상도에 집회를 갔더니 경상도에서 목회를 하시는 분들 가운데 경상도에서는 전도가 안 된다고 하시는 분들이 계시더라구요. 저는 이런 말을 들을 때마다 마음이 얼마나 아픈지 모릅니다. 물론 지역마다 차이는 있겠지만 복음이 전해져서 그 영향력이 드러나지 않는 곳은 없습니다. 제가 여러분에게 말씀드리고 싶은 것이 이것입니다. 십자가 복음 안에 있는 구원을 경험하고, 십자가 복음 안에 있는 회복을 경험한 사람은 그 자체가 큰 기쁨이 됩니다. 그 자체가 소망이고 축복입니다. 그런데 더 놀라운 것은 십자가를 경험한 사람들은 누가 뭐라고 하지 않아도 그 영향력을 흘려보내더라는 것입니다. 그 영향력이 여러 가지로 나타날 수 있지만 가장 중요한 것은 영혼들에게 나타난다고 하는 것입니다.

여러분, 그런 경험들 해보셨죠? 나는 가만히 있는데 사람들이 내 주변에 자꾸 몰려들어 무엇인가 물어봅니다. 그리고 자꾸 나에게 무엇인가 배우려고 합니다. 내가 잘나서도 아니고 어떤 높은 위치에 있기 때문도 아닙니다. 그것은 자연스럽게 영적인 영향력이 흘러가고 있는 하나의 반증일 수 있습니다. 복음 안에서 회복된 사람은 천하보다도 귀한 한 영혼이 보이기 시작하고, 영혼들이 붙여지기 시작하는 것입니다. 그리고 붙여진 영혼들에게 아무런 준비가 안 된 것 같지만 자신이 경험한 예수를 전할 때 역사가 일어나기 시작하는 것입니다. 이것이 십자가 복음의 영향력입니다. 십자가 복음은 경험하는 그 자체로도 우리에게 축복이 되지만 여기서 끝나는 것이 아니라 내 주변으로 그 영향력으로 흘러가는 것입니다.

1. 십자가 복음의 영향력이 흘러가기 위하여

1) 성령의 역사를 경험함

오늘 성경 본문 사도행전 3장의 내용은 위에서 언급한 바로 그런 내용입니다. 부활하신 예수님을 만나기 전에 제자들은 그들도 죽을까봐 두려워서 문조차 열어두지 못하고 꽁꽁 갇혀 두려움 속에서 폐쇄적인 삶을 살았습니다. 그런데 부활하신 예수님께서 그 닫혀있는 문 안으로 들어가셔서 그들에게 평강을 선포하시고, 그들을 회복시키시고, 부활을 경험케 하신 후에 지상 명령을 주셨습니다. 그리고 성령이 임할 때까지 예루살렘에 머물라고 하셨습니다.

그래서 제자들은 예수님이 약속하신 성령이 임할 때까지 마가의 다락방에서 기도하면서 성령을 구하기 시작했습니다. 하나님의 시간이 되어서 오순절날 위로부터 성령이 강림하셨고, 성령의 놀라운 역사를 경험하기 시작했습니다. 한 번도 배워보지 못했던 말들이 자기 입에서 나오기 시작했습니다. 사도행전 2장에 나오는 방언은 하늘의 언어가 아니라 이 땅의 언어입니다. 그것은 제자들이 흩어져 있었던 디아스포라 유대인들 앞에서 그들이 경험한 예수를 전하기 위하여 나타났던 것입니다.

사도행전 2장은 '성령 강림의 장' 또는 '교회 탄생의 장'이라는 별명이 붙여져 있습니다. 그런데 성령이 오셔서 하신 최초의 일이 무엇입니까? 교회가 세워지면서 하게 하신 최초의 일이 무엇입니까? 그것은 예수 그리스도를 메시야로 알지 못했던 경건한 유대인들에게 세계 곳곳의 말로 예수님이 구주이시며, 예수님이 주님이신 것을 선포한 것입니다. 성령의 강림으로 교회가 세워지면서 했던 궁극적인 일은 그들이 경험한 예수를 전하는 일이었습니다. 사도행전 2장 말미를 보십시오! 베드로가 성령을 체험하고 나서 자신이 경험한 예수를 당당하게 전했을 때 3천명이나 되는 사람들이 가슴을 치면서 주께로 돌아왔습니다.

여러분들에게도 이와 동일한 역사가 일어나길 소원합니다. 여러분의 영적인 눈이 열리고 더 깊게 하나님의 마음을 품어 하나님이 사랑하시는 영혼들을 볼 수 있기를 원합니다. 하나님이 그 영혼들을 얼마나 사랑하시는지, 그리고 여러분을 통해 그 영혼들에게 복음이 전해지는 이 일을 얼마나 하기 원하시는지 볼 수 있기를 원합니다.

2) 영적 균형을 갖춤

"제 구시 기도시간에 베드로와 요한이 성전에 올라갈 쌔(행 3:1) "

저는 1절이 매우 중요한 구절이라고 생각을 합니다. 한번 생각해 보십시오. 사도행전 2장에서 놀라운 성령의 역사를 경험했던 제자들입니다. 그런데 그들은 그 성령의 역사에 도취되어 해야 할 바를 게을리 하지 않았습니다. 성령의 역사를 경험하였지만, 동시에 정해진 시간에 기도할 줄 아는 사람들이었습니다.

여러분들 중에 하나님의 은사를 깊게 경험해 보신 분들이 많이 있으시죠? 하늘의 놀라운 은사를 체험했을 때 얼마나 기쁩니까? 그런데 이러한 은사운동의 취약점은 하나님의 은사를 경험하고 나서 그 은사에 너무나 심취한 나머지 영적인 균형을 잃게 된다는 것입니다. 하나님이 주신 은사는 영혼을 세우기 위해 사용해야 되는데 나를 높이는 도구로 사용할 수도 있다는 것입니다. 1절이 중요한 이유는 그렇게 놀라운 성령의 체험, 은사를 경험한 제자들이었지만 그들은 영적인 균형을 잃어버리지 않고 정해진 시간에 기도하러 성전으로 올라갔다는 점에 있습니다.

저는 이 구절을 깊게 묵상하면서 하나님이 사용하시는 사람은 영적인 균형을 갖춘 사람이라고 생각했습니다. 물론 어떤 한 은사를 통해서도 많은 사람들이 세워질 수도 있지만 그 사람이 영적인 균형을 갖지 못하면 오래 가지 못하는 것을 보게 됩니다. 어제 은사를 경험하고 날아갈 듯이 기뻤어도 오늘 내가 하나님 앞에 기도해야 될 바를 기도하고, 말씀 읽어야 될 바를 읽는 사람들은 하나님께서 지속적으로 역사할 수 있는 도구로 삼아 주십니다. 오늘 베드로와 요한이 제 구시 기도시간에 그렇게 성전으로 올라갔습니다.

2. 십자가 복음의 영향력 - 달라진 세상을 보는 관점

1) 영혼을 주목하여 본다.

"나면서 못 걷게 된 이를 사람들이 메고 오니 이는 성전에 들어가는 사람들에게 구걸하기 위하여 날마다 미문이라고 하는 성전문에 두는 자라(행 3:2)"

성전 미문에 앉아 있었던 이 사람은 오늘 베드로와 요한이 성전에 올라갈 때 처음 만난 사람이 아니었던 것 같습니다. 본문 말씀 가운에 '날마다 미문에 두는 자'란 표현이 말해주듯이, 이 사람은 항상 그 자리에 앉아서 성전을 지나가는 사람들에게 계속 구걸을 했던 사람이었을 것입니다. 정해진 시간에 기도하러 성전으로 올라갔던 베드로와 요한도 그 사람을 수없이 많이 보았을 것입니다. 그런데 오늘 유독 베드로와 요한의 눈에 그 사람이 들어오기 시작했습니다. 이것이 십자가 복음의 영향력이라고 생각합니다.

　이 사건은 사도행전 2장에서 성령을 경험하고 3천명이 주께 돌아오는 놀라운 역사가 일어난 다음에 기록되어 있습니다. 성령을 경험하고 하나님이 일하시는 것을 분명히 목도한 베드로와 요한이 성전으로 기도하러 올라가는데 눈에 보이는 사람이 있었습니다. 늘 보면서 불쌍하게 생각했지만 자신들도 형편이 어렵기에 돕지 못했던 사람이었습니다. 그런데 그 영혼이 눈에 들어오기 시작한 것입니다. 왜 그렇습니까? 그들에겐 금이나 은은 여전히 없었지만 예수 그리스도의 이름의 능력, 다시 말해 십자가 복음의 능력을 경험하게 되었기 때문에 그 영혼이 눈에 들어오기 시작했던 것입니다.

　베드로와 요한이 그 사람을 주목할 수 있었던 것은 바로 복음의 영향력 때문이었습니다. 그들은 예수님께서 이 땅에 오신 목적을 알게 되었습니다. 그리고 목적을 알 뿐만 아니라 그 분이 해 놓으신 일들을 자신들이 깊게 경험했습니다. 아무런 제반 조치 없이 가서 전하라고 한다면 그것이 율법이 되고 사람을 죽이는 것이 될 수 있지만 복음의 능력을 경험한 이들은 마음속에 확신이 생겨났습니다. 내가 경험한 예수님의 십자가, 이 복음을 전하기만 한다면 사람들도 자신과 같은 기쁨과 평화를 누릴 수 있다는 사실을 알기에 영혼들을 새로운 시각으로 바라보게 된 것입니다. 여러분! 그러한 마음으로 영혼을 바라보며 얼마나 많이 울어 보셨습니까? 물론 저는 여러분들이 다 울어 보신 분들이라고 생각을 합니다. 그러나 그런 마음들이 이번 기회를 통해서 다시 회복되고 더 풍성해질 수 있기를 원합니다.

우리를 이 땅 위에 심으시고 세우신 가장 중요한 목적 중에 하나는 교회를 이루고 있는 성도들을 통해 주변에 죽어가는 영혼들을 살리기 위함입니다. 여러분들을 통해 자신들이 살고 있는 삶의 자리에서 죽어가는 영혼들을 하나님의 마음으로 하나님의 눈으로 바라보며 살리기 위함입니다. 한국에 빨간 네온사인의 십자가가 많이 있지만 그럼에도 불구하고 교회가 세워지고 또 세워져야 될 이유 중에 하나는 아직도 이 땅에 죽어가는 영혼들이 더 많이 있기 때문입니다.

2) 영혼의 필요를 본다

"그가 베드로와 요한이 성전에 들어가려함을 보고 구걸하거늘 베드로가 요한과 더불어 주목하여 이르되 우리를 보라 하니 그가 그들에게서 무엇을 얻을까 하여 바라보거늘(행 3:3-5)"

베드로와 요한이 구걸하는 자에게 자신들을 보라고 말합니다. 그 말에 거지는 무엇을 얻을까 생각하며 베드로와 요한을 바라보았습니다. 여기를 보면 복음을 깊게 경험하지 못한 사람의 시각과 복음을 깊게 경험한 사람의 시각이 대조되면서 나타나 있습니다. 비록 유대인이었다 할지라도 복음을 깊게 경험하지 못한 거지가 세상을 살아가는 시각과 관점은 어떻게 하면 사람들로부터 더 많은 도움을 받을 수 있는가, 어떻게 하면 내가 더 잘 먹고 잘 살 수 있는가 하는 것입니다. '내가 어떻게 하면 저 사람에게 더 불쌍히 보여서 더 많은 것을 얻을 수 있을까?' 이 거지에게는 그런 세상적인 시각밖에는 없었습니다.

그렇게 세상적인 눈으로 바라보는 거지를 베드로와 요한은 '주목'하여 바라보았다고 나옵니다. 주목하여 본다는 말은 그냥 처다보는 것이 아니라 의지를 갖고 뚫어지게 처다봤다고 하는 것입니다. 그러면 베드로와 요한이 어떤 시각으로 이 거지를 바라보았을까요? 그것은 바로 하나님의 마음입니다. 저 영혼이 비록 거지이지만 구원 받아야 될 대상이라고 하는 겁니다. 여러분, 구원받을 대상에 차별이 있을 수 있습니까? 없습니다. 거지라도, 앉은뱅이라도 어떠한 신앙의 소유자라 할지라도 구원받지 못한 사람들은 예수 그리스도의 십자가의 공로로 모두 구원받아야 할 대상입니다. 그렇기에 베드로와 요한은 그러한 하나님의 시각을 가지고 그 영혼을 바라보기 시작했던 것입니다.

우리가 성경을 보면서 이 부분이 깊게 와 닿아야 합니다. 우리가 하나님을 아버지라고 부르지요? 부모가 자식을 바라보는 마음, 그 마음이 바로 하나님 아버지의 마음입니다. 하나님 아버지의 마음을 가지고 영혼을 바라보니, 그 영혼은 하나님의 형상과 모습대로 빚어진 존재이고 하나님의 영을 불어 넣어 하나님과 교통할 수 있도록 만들어 진 존재인데 죄 때문에 모든 것이 무너져 복음이 절대적으로 필요한 안타까운 모습이었습니다. 나면서부터 걷지 못하게 되어 많은 사람들에게 동냥하며 살아가는 그 사람의 안타까운 모습을 베드로와 요한은 하나님의 마음을 가지고 바라보았던 것입니다. 그렇게 하나님의 마음으로 영혼을 바라보며 긍휼히 여길 수 있어야 전도할 수 있습니다.

거지는 세상적인 시각으로 베드로와 요한을 바라보았고, 베드로와 요한은 하나님의 시각으로 그 사람을 바라보기 시작했습니다. 세상적인 시각과 하나님의 시각이 만났습니다. 어떤 역사가 일어날까요? 그것은 아무리 세상적인 시각을 가진 사람이 많더라도 하나님의 마음을 가진 한 사람을 통해서 하나님은 세상의 시각을 바꾸어 가는 것입니다.

말씀을 더 풀어가기 전에 한 가지 이야기하고 싶은 것이 있습니다. 그것은 우리 기독교인들에게 '우연'은 없습니다. 많은 사람들이 우연히 이렇게 되었다고 생각하고, 행운을 찾습니다. '우연'과 '행운'은 기독교의 문화가 아닙니다. 우리가 예수 그리스도로 구원받아 하나님의 자녀가 된 이후로 우리가 행하는 모든 일들은 다 하나님의 섭리 가운데 있는 일입니다. 우연히 된 일은 없습니다. 그래서 예수 믿는 우리들은 어떤 일이 생길 때마다 하나님께 물어봐야 됩니다. "하나님 이런 일이 왜 일어났죠?" 이렇게 묻고 하나님과 대화하면서 그 안에서 하나님의 뜻을 알아갈 때 우리의 신앙이 성장해 갈 수 있습니다. 아무리 예수님을 오래 믿었어도 내게 일어난 그 모든 일들을 하나님의 섭리로 인정하지 못하고 우연과 행운으로 반응한다면 우리는 다람쥐 쳇바퀴 도는 신앙생활을 해 나갈 수밖에 없습니다.

베드로와 요한이 성전 미문에 앉아 있는 거지를 주목하고 만날 수 있었던 것도 바로 그 만남을 우연으로 여기지 않고 하나님의 섭리로 여겼기 때문입니다. 늘 보았던 사람이지만 복음을 경험하고 나서 그 사람을 바라보니까 새롭거든요. 그래서 물어봤을 거예요. "하나님 왜 저 영혼에게 마음이 가죠? 오늘 그냥 지나치면 안 될 것 같은데요?" 분명히 물어봤을 거 같아요. 그때 하나님께서 가르쳐 주었을 겁니다. "베드로와 요한아, 오늘 그 영혼을 그냥 지나치지 않았으면 좋겠다. 네 안에 있는, 너에게 구원을 주고 회복을 주었던 그 복음을 같이 나누어 주었으면 좋겠다."

그때 베드로와 요한은 이것이 하나님의 마음인줄 알고 결단하고 그 영혼을 바라보기 시작했을 것입니다. 늘 있었던 일이고, 이제까지는 모든 일들이 우연 가운데 지나왔다고 느껴졌을지라도 복음을 경험한 하나님의 백성들은 그 모든 일들을 하나님의 섭리 안에서 풀려 집니다. 그래서 왜 이런 일이 일어났는지, 이런 일은 어떻게 풀어야 하는지, 하나님은 이 가운데 무엇을 말씀하기를 원하시는지 물어보게 됩니다.

3. 십자가 복음의 영향력이 흘러가는 통로

1) 예수 이름

"베드로가 이르되 은과 금은 내게 없거니와 내게 있는 이것을 네게 주노니 나사렛 예수그리스도의 이름으로 일어나 걸으라."(행 3:6)

세상적인 시각으로 바라보는 거지에게 베드로와 요한은 이야기합니다. "은과 금은 내게 없거니와 내게 있는 것을 네게 주노니 나사렛 예수 이름으로 일어나 걸으라." 저는 여기에서 당시 제자들은 빈한하지만 세상을 향해서 당당하고 떳떳한 모습을 발견합니다. 만약 베드로에게 금이나 은이 있었다고 한다면, 빵이 있었다고 한다면 당연히 그 불쌍한 거지를 도왔을 겁니다. 1세기 역사가 요세프스에 의하면 이 당시에 유대인들의 85%가 거지였다고 합니다. 한 끼를 먹으면 그 다음 끼니를 걱정했습니다. 유명한 율법학자 가말리엘이라고 하는 사람도 명성이 있었지만 늘 끼니를 걱정하며 살았다고 합니다. 그러니 이 제자들이 돈이 있었겠습니까? 아니면 나누어줄 어떤 것이 있었을까요? 없었습니다.

세상이 사람을 평가하는 기준이 무엇입니까? 돈을 얼마나 가졌는가, 금을 얼마나 가졌는가 하는 것이 아니겠습니까? 그러나 베드로와 요한은 세상이 요구하는 금과 은은 없었지만 위축되지 않고 오히려 세상을 향해서 당당하고 떳떳할 수 있었습니다. 왜 그렇습니까? 그것은 금이나 은보다 더 위대한 복음이 그들 안에 있었기 때문입니다. 베드로와 요한에게는 이런 확신이 있었을 것입니다. '예수 그리스도의 이름, 이 복음이 들어가기만 하면 그 사람은 일어날 수 있을 것이다. 돈을 주는 것이 중요한 것이 아니라 근본적인 문제를 해결하는 것이 더 중요한데, 십자가 안에는 전인적인 회복이 있기 때문에 복음이 들어가면 그 영혼이 구원받을 뿐 아니라 병도 고칠 수 있다.'는 확신이 그들 안에 있었던 것입니다.

그런데 왜 예수 그리스도의 이름이 복음일까요? 유대인에게 있어서 이름은 참 중요합니다. 그들에게 이름은 그들의 실존 자체를 나타내기 때문에 그렇습니다. '예수님의 이름'하면 예수님이 이 땅에서 살아온 모든 삶이 그 안에 다 포함되어 있는 것입니다. 예수님이 이 땅에 오셔서 공생애를 시작하시면서 가나안 혼인 잔치에서 물을 포도주로 만드시고 죽은 자를 살리시고 오병이어의 기적을 일으키시고 십자가에 끌려가서 죽으셔서 부활하신 이 모든 삶이 어디에 담겨 있다는 것입니까? 바로 예수 그리스도의 이름입니다. 예수 그리스도 이름에 능력 있다고 하는 것은 그 이름 자체에 능력이 있다는 것이 아니라 예수님의 삶 자체에 능력이 있는 것입니다. 예수님이 십자가에 죽으시고 부활하신 삶이 복음의 핵심인데 그 핵심을 가리키는 것입니다. 비록 베드로와 요한은 그 사람이 원하는 것은 줄 수 없었지만 예수 그리스도의 이름의 능력이 무엇을 의미하는지 알고 있었습니다. 저는 이것이 매우 중요하다고 생각합니다.

기독교는 계속 핍박을 받다가 AD 312년에 콘스탄틴 대제가 밀라노 칙령을 내려 기독교의 박해를 금지하고 후원하여 AD 392년에는 데오도시우스 황제에 의해 기독교가 국교로 승격하게 되었습니다. 기독교가 편안하게 보호받은 그 때부터 기독교는 타락하기 시작합니다. 땅을 사고, 거대한 건물을 짓고, 조직을 세우고 사람들이 몰려들기 시작합니다. 그러나 중요한 것은 초대교회에서 일어났던 놀라운 성령의 역사들이 점차 사라지기 시작했다는 것입니다. 그때 활동했던 유명한 철학자 중에 한 사람이 토마스 아퀴나스였습니다. 그는 "우리 중세의 기독교에는 기독교가 가져야 될 가장 중요한 것을 잃어버렸다. 우리 중세의 기독교 교회는 초대교회가 가지고 있지 못한 위대한 건물을 가지고 있고, 많은 땅을 가지고 있고, 많은 성도를 가지고 있다. 그러나 가장 중요한 초대교회 유산을 잃어버렸는데 그것은 예수 그리스도의 이름의 능력이다"라고 언급하였습니다.

저는 이 글을 읽으면서 오늘날 한국 교회와 세계 교회가 깊이 반성해 보아야 되지 않을까 하는 생각을 해 보았습니다. 여러분, 우리는 어떻습니까? 우리가 모든 것은 갖추고 있다고 할지라도 기독교를 기독교 되게 만든 복음! 예수 그리스도의 이름의 능력을 잃어버린다면, 우리 주변에 죽어가는 영혼들을 향해서 예수 그리스도의 이름을 외칠 수 없다면 기독교가 어떻게 그 명맥을 유지할 수 있을까요? 어떻게 기독교의 본질이 유지될 수 있겠습니까?

예수님이 이 땅에 오신 목적은 세상의 구원입니다. 이 위대한 프로젝트를 가지고 오신 예수님께서 공생애를 시작하시면서 가장 먼저 하신 일이 무엇인 줄 아십니까? 이 땅을 복음화하기 위한 이 거대한 프로젝트에 얼마나 큰 조직이 필요하고 얼마나 많은 건물이 필요하며 얼마나 많은 세상의 권세가 필요하겠습니까? 그러나 예수님이 가장 먼저 하신 일은 사람을 부르는 일이었습니다. 갈릴리 바닷가에서 고기 잡는 어부들에게 "나를 따라 오너라 내가 너로 사람을 낚는 어부가 되게 하리라"고 말씀하셨습니다.

여기에 기독교의 위대함이 있습니다. 돈으로 세상을 바꿀 수 없습니다. 조직으로 세상을 바꿀 수 없습니다. 이 세상의 권세와 타락된 권위를 가지고는 바꿀 수 없는 것입니다. 이 세상을 바꿀 수 있는 힘은 오로지 예수 그리스도 이름 안에 있음을 믿으시기 바랍니다. 그렇기에 예수 그리스도 이름의 능력을 경험한 한 사람 한 사람이 세워질 때, 그리고 그들의 입을 통해 외쳐진 놀라운 신앙의 고백을 통해서 하나님의 나라가 이 땅에 세워져 가는 것입니다. 이것이 세상 사람들의 눈에 보기에 미련하지만 하나님의 방법이었던 것입니다.

왜 오늘날에 초대교회와 같은 놀라운 역사가 일어나지 않습니까? 그것은 바로 이렇게 복음을 경험한 자들이, 비록 돈이 없고, 능력이 없고, 권세와 권위가 없다고 할지라도 그 복음 안에서 세상을 향해 당당하고 자신 있게 예수 그리스도의 이름을 외치는 자들이 많지 않기 때문에 그렇습니다. 저는 여러분들이 베드로와 요한과 같이 예수 그리스도의 이름의 능력을 의지하여 놀라운 일들을 행하실 수 있는 분들이 되기를 원합니다.

2) 믿음을 행함

7절을 보십시오. 더 위대한 베드로의 모습을 보게 됩니다. "오른손을 잡아 일으키니 발과 발목이 곧 힘을 얻고 뛰어 서서 걸으며 그들과 함께 성전으로 들어가면서 걷기도 하고 뛰기도 하며 하나님을 찬송하니"

지금까지 살펴본 것처럼 베드로는 돈도 조직도 권위도 아무것도 없었지만 예수 그리스도의 능력을 힘입어 예수 그리스도의 이름의 능력을 선포하였습니다. 그런데 베드로는 입으로만 전하고 끝난 것이 아니라 손을 잡아서 일으켜 세웠습니다. 예수 그리스도의 능력을 전하는 일도 대단한데 그 믿음을 행동으로 보여주고 있습니다. 하나님은 완전한 가운데 완전한 일을 하시는 것 같습니다. 믿었기 때문에 입으로 선포했다면 그 믿음을 행동으로 옮길 수 있어야 합니다. 그러나 참 어려운 일입니다. 기도는 할 수 있습니다. 선포는 할 수 있어요. 그런데 만약 손을 잡아 일으키는데 안 일어나면 어떡하지 하는 두려움이 있지 않습니까?

유명한 김익두 목사님의 이야기입니다. 그분은 깡패출신이었는데 예수님을 깊게 만난 다음에 성령을 받고 위대한 전도자가 되었습니다. 한번은 성령을 체험한 후 너무 뜨거운 나머지 어떻게 예수를 전할까 생각하다가 장날에 장터를 갔습니다. 누구에게 복음을 전할까 둘러보다 보니 한 쪽에 앉은뱅이가 보였습니다. 그때 마음에 드는 생각이 성경에 베드로도 예수 그리스도의 이름으로 앉은뱅이를 고쳤는데 나도 저 사람에게 예수 이름을 전하고 기도해 주면 일어날 것 같다는 생각이 들었습니다.

그런데 한편으로는, 장터에 있는 많은 사람들 앞에서 능력이 드러나지 않으면 이상한 사람으로 몰릴 것 같아 갈등하다가 결론을 냈습니다. '하나님이 일어나게 하실 수 있지만 사람들이 많으니까 오늘은 시범 삼아서 이 사람을 조용한 골목으로 데리고 가서 기도를 하자.' 그래서 앉은뱅이를 골목으로 데려다가 놓고 자기가 이제까지 기도했던 것 가운데 가장 뜨겁고 열정적으로 머리에 손을 얹고 기도하기 시작했습니다. 예수의 이름으로 일어나 걸으라고 아무리 머리를 누르고 외쳐도 그 사람이 일어나지 않았습니다.

목사님은 너무나 실망스러웠습니다. 왜 나에게 그런 역사가 일어나지 않을까 고민하면서 하나님 앞에 묻기 시작했습니다. 그때 하나님은 목사님이 정말 하나님을 온전히 신뢰한다고 한다면 왜 구석으로 데려갔느냐는 깨달음을 주셨습니다. 온전한 믿음이란 선포하고 기도해 주는 것만이 아니라 많은 사람들이 보는 앞에서 기도하고 일으켜 세우라는 것입니다. 베드로가 선포하고 손을 잡아 일으켰던 것처럼 말입니다.

김익두 목사님은 마음을 굳게 먹고 그 장터로 다시 찾아갔습니다. 앉은뱅이를 찾아 기쁨으로 다가가는데 이 앉은뱅이는 도망을 가더랍니다. 제자리로 돌아오는데 너무 힘들었던 앉은뱅이는 목사님이 또 어디로 끌고 갈지 모르기 때문에 도망갔던 것입니다. 목사님은 다른 곳으로 끌고 가지 않겠다고 약속하면서 그 사람을 쫓아가서 기도해 주기 시작했습니다. 그 많은 사람들이 지켜보는 가운데 간절히 기도했습니다. 그리고 기도를 마치고 그를 잡아 일으켜 세우는데 그 앉은뱅이가 일어났습니다. 오늘날에도 동일한 믿음을 갖고 외치고 행할 때 동일한 역사가 일어납니다. 그 역사를 일으키시는 우리 하나님이 동일하신 분이기 때문에 그렇습니다.

여러분, 하나님께서는 사람을 통해서 일하시지만 그 역사를 이루시는 분은 하나님이십니다. 그리고 기적의 핵심은 십자가에서 이루신 복음의 능력입니다. 여러분들이 경험하셨던 복음 앞으로 다시 나올 수 있기를 원합니다. 복음의 깊이와 넓이를 더 깊게 경험하실 수 있기를 원합니다. 하나님은 여러분들을 회복시켜서 여러분들을 통해 그 능력이 드러나기를 원하십니다. 그리고 여러분들을 통해 많은 사람들을 구원받게 하기를 원하십니다. 놀라운 이 구원의 역사가 여러분들 가운데 지속적으로 있기를 원합니다.

4. 복음의 영향력의 결과

1) 하나님을 찬송함

마지막으로 8절입니다. "뛰어서서 걸으며 그들과 함께 성전으로 들어가서 걷기고 하고 뛰기도 하며 하나님을 찬송하니 모든 백성이 그 걷는 것과 그 하나님을 찬송함을 보고 그가 본래 성전 미문에 앉아 구걸하던 사람인 줄 알고 그에게 일어난 일로 인하여 심히 놀라게 여기며 놀라니라"

성전 미문에 앉아 구걸하던 거지가 십자가 복음을 경험하고 나서 가장 먼저 했던 반응은 하나님을 찬양한 것입니다. 도저히 자신의 입장에서 기대할 수 없는 일이 일어났기에 확인해 보면서 그 기쁨을 하나님께 올려드렸던 것입니다. 이것은 분명히 하나님께서 하신 일이기 때문입니다. 성경을 보더라도, 복음을 경험하고 전해진 곳의 결과는 늘 하나님께 대한 찬양과 감사가 있었던 모습을 봅니다. 그 찬양은 진심에서 우러나온 찬양이며, 회복의 기쁨을 노래한 찬양이었습니다. 그 순간 찬양을 받기에 합당하신 분은 오직 하나님이십니다.

2) 많은 사람에게 도전을 줌

한 사람이 바뀌면 세상이 바뀝니다. 앉은뱅이가 일어난 모습을 보고 주변에 많은 사람들이 놀랐습니다. 그들이 놀랐다는 것은 영적으로 귀한 도전을 받았다는 것입니다. 그러면 그 사람들도 주님께로 돌아올 수 있는 길이 열리는 것입니다. 나는 내가 경험한 예수를 전해 주었을 뿐인데 그 소식을 듣고 또 한 사람이 회복됩니다. 그런데 그 회복된 한 사람을 통해서 하나님은 또 다시 그 사람의 주변을 바꿔 가는 역사를 일으키십니다. 이러한 놀라운 역사가 우리 가운데 있기를 원합니다.

한번은 서울신학대학교 전도폭발팀과 같이 부산에 있는 한 교회에 전도를 하러 갔던 적이 있습니다. 4박 5일 동안의 일정이었는데 새벽과 저녁에는 전도 집회를 제가 인도를 하고, 낮에는 전도대원들과 같이 전도하러 다녔습니다. 교회에서 초청해서 기대감을 갖고 갔는데 첫날 저녁 집회에 20명밖에 모이질 않았습니다. 이 20명도 저녁을 해주시던 분들이었습니다. 큰 교회였는데 왜 이렇게 적은 숫자가 모였는지 물었더니 지난주에도 거지 전도 팀이 다녀갔다는 것입니다. 그 교회에서는 매주 새로운 전도 팀을 부르는데, 그 결과 성도들에게 부산에서는 전도가 안 된다고 인식되어 있었습니다.

그래서 마음이 많이 아팠습니다. 어느 지역이 특별히 전도가 안 된다고 한다면 예루살렘만큼 안 되는 도시가 어디 있었겠습니까? 하지만 복음을 경험한 초대교회의 소수의 신자들은 자신들을 핍박하던 로마까지도 변화시켰습니다. 지역이 중요한 것이 아니라 복음을 경험하는 것이 중요하고 어떻게 전하는가 하는 것이 중요한 것입니다.

그런데 정말로 첫날 부산에서 복음을 전할 때 결신율이 낮았습니다. 보통 첫날 결신율이 50~60%이상은 되는데 20%밖에 안 되는 것이었습니다. 같이 따라가셨던 권사님들도 "안 된다니깐" 그러시는 거예요. 그래서 제가 전도 폭발 대장에게 우리가 복음에는 능력이 있다는 사실을 아는데 할 수 있다면 금식도 하고 철야도 하면서 기도하자고 제안을 했습니다. 하나님께서 마음을 주시는 사람들과 함께 복음의 능력이 나타나게 해 달라고 간절히 기도했습니다.

다음날 전도를 하러 나가는데 한 장로님이 저를 데리고 가셨습니다. 꼭 전도를 해야 할 사람이 있는데 친구 동생이라고 했습니다. 그런데 그 친구가 목사님이었습니다. 진해에서 목회를 하시는데 동생을 위해서 간절히 기도하고 있지만 동생이 교회를 나오려고 하지 않는다는 겁니다. 옛날에 집사까지 했던 사람인데 사업을 시작하고 장사가 너무 잘되어 교회를 나오지 않고 있었습니다. 슈퍼마켓을 하고 계셨는데 위치가 너무 좋아서 2-3분에 한명씩은 손님이 계속 온다는 것입니다. 돈 버는 재미에 절대로 교회를 나오려고 하지 않는다는 것이죠. 그러니까 저 보고 전도를 해달라는 하는데 저는 그럴 때마다 참 부담스럽습니다.

저는 전도 기계가 아니잖아요. 저는 단지 도구일 뿐이고 100% 결실을 할 수 있는 것도 아니지만, 어제 저녁에 그렇게 기도하고 선포했기에 믿음을 가지고 갔습니다. 하나님이 이루실 일들을 바라보며 비록 결신되지 않는다고 할지라도 복음을 전하면 나중에 때가 되면 거두시게 하리라는 믿음을 가지고 기도하면서 갔습니다. 그 영혼을 위해서 30분만 손님이 오지 않게 해달라고 기도했습니다. 손님이 계속 오시면 복음을 전할 수 없잖아요. 그런데 그 가게를 가보니까 놀라지 않을 수 없었습니다. 정말 손님이 계속 오는 것이었습니다. 장로님이 저를 소개하시면서 기쁜 소식을 들으라고 했더니 손님이 오면 자기는 못 듣는다고 하더라구요. 그래서 제가 손님이 오시지 않으면 제 얘기에 귀를 기울여 달라고 하고 마음속으로 계속 기도하면서 기회가 되어 복음을 전하기 시작했습니다.

너무 놀라운 것은 5분이 지나면서 손님이 오지 않는 거예요. 제가 기도한 대로 30분 동안 손님이 오지 않았습니다. 사실 저도 놀랐어요. 이분이 처음에는 조바심을 내며 듣더니 나중에는 편안한 가운데 복음을 듣고 눈물을 흘리면서 예수님을 영접하고 주일날에는 먼저 예배드릴 것을 약속했습니다. 너무 기뻐서 돌아가려고 하는데 저를 붙잡으면서 자기 남편에게도 이 기쁜 소식을 전해달라고 하셨습니다. 남편이 어디 있는지 물었더니 칸막이 뒤에 계시더라구요. 그분도 그 뒤에서 제 얘기를 다 들으셨기에 예수님을 영접하시라고 했더니 오파상을 하시는데 일본에 자주 가게 되어 주일에 교회에 못나가는 경우가 많다며 망설이셨습니다.

저는 먼저 예수님을 영접하고 하나님의 자녀가 되는 것이 더 중요한 일이며 되도록 예배에 빠지지 말고, 일본에 가게 되더라도 배 안에도 예배드리는 사람들이 있을 테니 걱정하지 말라고 설명했더니 그분까지 영접하셨습니다. 한 번에 두 사람을 영접시키고 돌아오는데 얼마나 감사하든지요.

그리고 돌아왔는데 다른 팀에게도 놀라운 역사들이 일어났습니다. 학생들이 돌아오는데 전쟁에서 이기면 취하는 전리품들을 가지고 기쁨의 환호성을 지르며 돌아오더라구요. 불교 4대째 집안이 예수님을 영접해서 목탁과 묵주를 가져오고, 한국 SGI(일명 남녀호랑개교) 3-4대 집안이 예수를 영접해서 그 모든 부적들을 가지고 왔습니다. 한쪽에서는 부적을 태우고, 목탁을 깨부수는 일들이 일어나고, 한쪽에서는 기뻐서 박수치는 놀라운 역사가 일어났습니다. 권사님들과 다른 성도님들도 부산에서도 전도가 된다고 놀라워하셨습니다. 그러면서 마지막 날에는 수많은 성도들이 함께 모여 전도현장에 참석한 일들이 있었습니다. 이것이 복음의 영향력입니다. 그리고 그 결과입니다.

마무리

여러분! 복음에 능력이 있습니다. 복음을 경험한 자들은 반드시 복음을 흘려보내야 합니다. 특별히 영혼들에게 흘려보내야 합니다. 무엇보다도 영혼을 살리고 회복하기 위하여 그 복음이 완성되었기 때문입니다. 하나님은 복음을 경험한 우리들을 통해서 그 영향력들이 가정과 회사와 지역에 흘려가기를 원하십니다.

복음의 영향력을 흘려 보내면서 사도행전 3장에 있었던 놀라운 역사가 여러분들 가운데도 있기를 원합니다. 초대교회와 같이 앉은뱅이도 일어나고, 갖가지 병든 자들이 치유되고, 귀신들이 떠나가는 놀라운 역사들이 복음을 흘려 보내는 성도님들에게 가득 채워질 수 있기를 원합니다. 지성이 중요하지만 그것을 초월한 하나님의 능력 또한 바라보시고, 그 안에서 하나님의 역사를 기대하면서 복음이 회복되는 역사가 여러분들 가운데 있기를 원합니다.

마무리를 위해서 다시 생각하고 토의할 문제들

1. 십자가 복음이 영향력 있게 흘러가기 위해 갖추어져야 할 부분들을 말해보시오.

2. 베드로와 요한이 성전 미문에 앉아 있던 앉은뱅이에게 주목하였던 이유는 무엇입니까?

3. 앉은뱅이가 베드로와 요한을 주목하여 쳐다본 이유는 무엇입니까?

4. 예수 이름의 능력이란 무엇을 의미하는 것입니까?

5. 베드로에게는 어떻게 이러한 믿음이 생겨난 것일까요?

6. 복음을 경험한 앉은뱅이의 결과를 성경은 어떻게 표현하고 있습니까?

7. 나는 복음의 능력을 확신하고 있는 사람입니까? 복음의 능력이 나를 통해 드러난 적이 있습니까?

전도자세우기 워크북시리즈 2
다시 복음앞에

초판1쇄 발행 2011. 7. 10
초판2쇄 발행 2016. 9. 20

지은이   하도균
펴낸이   방주석
영업책임   유영채
디자인   전찬우

펴낸곳   도서출판 소망
주소   서울특별시 종로구 연지동 136-56 기독교연합회관 1309호
전화   02-392-4232 | 팩스   02-392-4231
이메일   somangsa77@hanmail.net
홈페이지 www.peterhouse.co.kr

출판등록 1977년 5월 11일(제11-17호)
ISBN 978-89-7510-074-1 03230
책값 뒤표지에 있습니다

ⓒ이 출판물은 저작권법에 의해 보호를 받는 저작물이므로
  무단전재와 복제를 할 수 없습니다.

도서출판 소망은 기독교문화 창달을 위해 좋은 책 만들기에 힘쓰고 있습니다.

오직 성령이 너희에게 임하시면 너희가 권능을 받고
예루살렘과 온 유대와 사마리아와 땅끝까지 이르러 내 증인이 되리라 (행 1:8)